नवजात शिशु एवं माँ की देखभाल

वी एण्ड एस पब्लिशर्स

प्रकाशक

वी एण्ड एस पब्लिशर्स

F-2/16, अंसारी रोड, दरियागंज, नई दिल्ली-110002
☎ 23240026, 23240027 • *फैक्स:* 011-23240028
E-mail: info@vspublishers.com • *Website:* www.vspublishers.com

क्षेत्रीय कार्यालय : हैदराबाद
5-1-707/1, ब्रिज भवन (सेन्ट्रल बैंक ऑफ इण्डिया लेन के पास)
बैंक स्ट्रीट, कोटी, हैदराबाद-500 095
☎ 040-24737290
E-mail: vspublishershyd@gmail.com

शाखा : मुम्बई
जयवंत इंडस्ट्रिअल इस्टेट, 2nd फ्लोर - 222,
तारदेव रोड अपोजिट सोबो सेन्ट्रल मॉल, मुम्बई - 400 034
☎ 022-23510736
E-mail: vspublishersmum@gmail.com

फ़ॉलो करें:

हमारी सभी पुस्तकें **www.vspublishers.com** पर उपलब्ध हैं

मुद्रक: रेप्रो नॉलेजकास्ट लिमीटेड, ठाणे

प्रस्तावना

शिशु के जन्म के बाद माँ के शरीर में कई प्रकार के परिवर्तन शुरू हो जाते हैं। इस पुस्तक में माँ के शरीर में होने वाले बदलाव के बारे में बारीकी से हर बात बताई गई है। इन परिवर्तनों के दौरान गर्भवती स्त्री को अपनी देखभाल किस प्रकार करना है, इसका विस्तारपूर्वक वर्णन किया गया है। कई महिलाएँ प्रसव होने के कुछ दिनों तक रूआंसा महसूस करती हैं। दरअसल में ऐसा उनके हरमोन में परिवर्तन होने के कारण होता है, लेकिन उन्हें इस स्थिति का सामना किसी अनुभवी लेडी डॉक्टर की सलाह लेकर धैर्यपूर्वक करना चाहिए।

प्रसव के पश्चात् प्रत्येक माँ के लिए नवजात शिशु की देखभाल करना चुनौती भरा कार्य है। पुस्तक के दूसरे भाग में शिशु की देखभाल, स्तनपान, शिशु में होने वाले रोग तथा परिवार नियोजन के तरीकों चर्चा की गई है। परिवार नियोजन की जानकारी प्राप्त कर वह दो बच्चों के जन्म में उचित दूरी बनाकर अपने दाम्पत्य जीवन का भलीभाँति निर्वाह कर सकती है।

यह पुस्तक उन गर्भवती स्त्रियों के लिए बेहद उपयोगी है, जिनका प्रसवकाल करीब है तथा उन स्त्रियों के लिए भी समान रूप से लाभदायी है, जिनका अभी हाल में ही प्रसव हुआ है।

विषय-सूची

1

प्रसव के पश्चात् माँ-शिशु की उचित देखभाल

प्रसव के बाद वाले 42 दिन या 6 से 8 सप्ताह तक की अवधि को प्रसूति काल कहते हैं। इस अवस्था में गर्भांग अपनी पूर्व स्थिति में पहुँचते हैं। गर्भांगों की गर्भावस्था से पूर्व की स्थिति या सामान्य स्थिति में पहुँचने की प्रक्रिया को अन्तर्वलन कहते हैं।

प्रसव की तीसरी अवस्था के पश्चात् गर्भाशय गर्भ के 20 वें सप्ताह के आकार के बराबर हो जाता है तथा 1 किग्रा. वजन का होता है। प्रथम सप्ताह में इसका आकार तीव्रता से कम होता है और वजन या भार 500 ग्राम रह जाता है। यही भार दूसरे सप्ताह में घटकर 350 ग्राम हो जाता है। इसके बाद अगले 6 सप्ताह में भार धीरे-धीरे कम होता है और आकार छोटा होता जाता है। इस अन्तर्वलन प्रक्रिया का मुख्य कारण ईस्ट्रोजन के उद्दीपन का रूक जाना है। गर्भाशय पूरी तरह से अपनी पूर्व स्थिति में कभी नहीं पहुँचता है। अतः यह प्रक्रिया कभी भी पूर्ण नहीं हो पाती है। प्रत्येक

बार गर्भावस्था के बाद गर्भाशय की पेशियों एवं संयोजक तन्तुओं का भार 20% तक बढ़ता है तथा नलिकाओं के पास लचीले तन्तु आवृत हो जाते हैं। इसलिए जिनके दो से अधिक सन्तानें होती हैं उनके गर्भाशय में संयोजक तन्तुओं लचीले तन्तुओं की मात्रा सामान्य से अधिक होती है। इससे गर्भाशयी स्थान च्युतता, रक्त स्राव, गर्भाशय का फटना आदि की सम्भावना प्रबल रहती है।

जो स्त्रियाँ शिशु को स्तनपान नहीं कराती हैं, उनके गर्भाशय के पूर्व की स्थिति में पहुँचने के प्रक्रिया की गति अत्यन्त धीमी या मन्द होती है। गर्भाशय का श्लेष्मिक स्तर बदलता है तथा पुनः बनता है।

प्रथम 3–4 सप्ताह तक होने वाले रक्त स्राव को लोशिया (Lochia) कहा जाता है। तीन दिन उस रक्त स्राव में तरल पदार्थ अधिक तथा थक्के भी पाए जाते हैं। बाद में वह भूरे रंग में बदल कर गुलाबी तथा श्लेष्मा में बदलकर रूक जाता है। लोशिया में लाल रक्त कण, फ्राईबिन, श्वेत रक्त कण, पतनिका (Decidua), योनि के उपकला तन्तु, प्रप्टोन, अरोगोत्पादक जीवाणु पाए जाते हैं। लोशिया की प्रतिक्रिया क्षारयुक्त होती है लेकिन योनि तक पहुँचकर अम्लीय हो जाती है। यदि लोशिया दुर्गन्धयुक्त हो तो यह समझ लेना चाहिए कि संक्रमण एवं सड़ने की प्रक्रिया शुरू हो गई है।

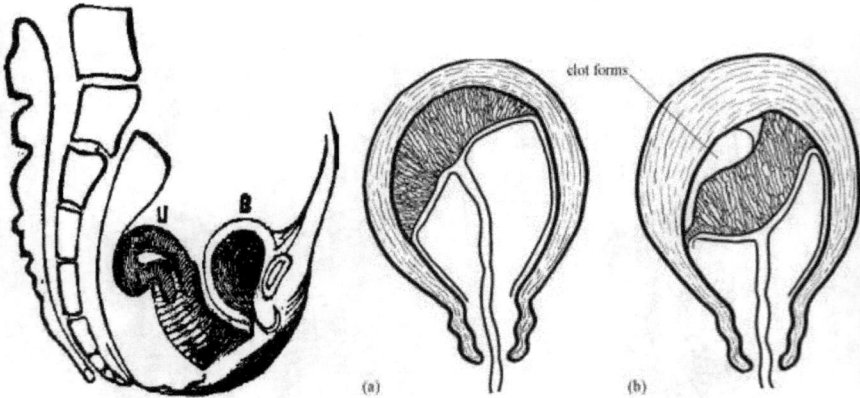

B

(a)
(b)

अपरा के निकल जाने से हॉर्मोन का सन्तुलन भी अल्प मात्रा में कम हो जाता है, क्योंकि ईस्ट्रोजन एवं प्रोजेस्टीरीन–दोनों के स्तर अचानक और अविश्वसनीय ढंग से गिर जाते हैं। ग्रीवा प्रसव के उपरान्त ढीली तथा बैंगनी रंग की होती है और योनि मार्ग सूजा हुआ, नीले रंग का होता है। यदि प्रसव में टाँके लगाने (Stitches) की आवश्यकता पड़ी हो तो उनके सुखने में भी समय लगता है।

रक्त में फ्राइब्रिनोजन एवं प्लास्मिनोजन का अंश कम हो जाती है और रक्त स्राव के कारण रक्त में लाल कणों की मात्रा कम हो जाती है। कुछ स्त्रियों में बीसवें सप्ताह के बाद पुनः माहवारी स्थापित हो जाता है। जो स्त्रियाँ शिशु को स्तनपान कराती हैं उनमें 30–40 सप्ताह तक आर्तव चक्र व्यवस्थित नहीं हो पाता है। इसके विपरीत जो स्त्रियाँ स्तनपान नहीं कराती हैं उनमें 10वें सप्ताह से ही माहवारी प्रारंभ होना सम्भव है।

प्रसव के बाद की व्यवस्था का उद्देश्य है–(1) रोगोत्पादक जीवाणुओं के गर्भाशय में प्रवेश को रोकना, (2) उचित एवं पर्याप्त विश्राम का मौका प्रदान करना तथा शारीरिक माँसपेशियों की

निष्क्रियता तथा रक्त परिभ्रमण के धीमेपन (Stagnation) के दुष्परिणामों को कम करना अथवा वर्जित करना, (3) स्तनपान कराते समय स्तनों की उचित देखभाल करना तथा साधारण स्वस्थ मनोभाव बनाए रखना।

प्रसव के तुरन्त बाद शारीरिक तथा मानसिक थकान बहुत अधिक होती है। नाड़ी की गति 70 से 80 प्रति मिनट तक रहती है, तापमान सामान्य से भी कम रहता है। प्रसव के बाद 10–15 मिनट तक कम्पन भी रहता है–पेशियों का कुछ कम्पन, कभी-कभी दाँतों का कटकटाना भी रहता है। इस समय रक्तचाप भी कम रहता है।

अगले 24 घण्टों में तापमान सामान्य से 1°–1°F तक बढ़ जाता है जिसको सामान्य माना जाता है क्योंकि पेशीय थकान से तापमान बढ़ता है। प्रथम 24 घण्टों के बाद तापमान सामान्य हो जाता है। प्रथम सप्ताह में यदि ज्वर रहता है तो इसका कारण पाचन विकार, उत्तेजना, स्तनों की पीड़ादायक सूजन (Engorgement) होता है।

पहले सप्ताह में माँ के शरीर में होने वाले महत्वपूर्ण परिवर्तन

1. गर्भाशय में दर्द महसूस हो सकता है, खासकर स्तनपान कराने पर यह दर्द शुरू हो सकता है, क्योंकि इससे युटेरस सिकुड़ने लगता है। स्तनों में दर्द भी महसूस हो सकता है।
2. स्तनों का आकार बढ़ जाता है। प्रसव के दूसरे या तीसरे दिन से आकार बढ़ने लगता है, जो थोड़ा असुविधाजनक हो सकता है। पेट मुलायम लगता है।
3. प्रसव के बाद कुछ सप्ताह बाद तक यौन स्राव होता है। शुरुआत में यह स्राव लाल रंग का होता है। कुछ दिनों बाद रंग भूरा-गुलाबी होता है और धीरे-धीरे यह और भी हल्का होता चला जाता है। इस दौरान सेनिटरी टॉवेल का इस्तेमाल कर सकती हैं।
4. कई महिलाएँ प्रसव के बाद कुछ दिनों तक काफी रुआँसा महसूस करती हैं। ऐसा हॉर्मोन के स्तर में परिवर्तन के कारण होता है और यह प्रसव के बाद के अवसाद से भिन्न अवस्था है। इंकान्टिनेंस : सामान्य प्रसव के दौरान मांसपेशियों में खिंचाव के कारण पेशाब रोकने में परेशानी हो सकती है। हँसते, खाँसते या छींकते समय पेशाब छूट जाता है। प्रसव के बाद माँ के लिए आराम और पौष्टिक भोजन बहुत जरूरी होते हैं। चिकित्सक की सलाह लेकर व कुशल प्रशिक्षक की देखरेख में व्यायाम भी शुरू करना चाहिए।

भोजन का नियन्त्रण (Control on Food)

सामान्य रूप से प्रसव के एक दिन बाद साधारण, आसानी से पचने वाला एवं सन्तुलित भोजन देना चाहिए। स्तनपान कराने के क्रम में स्त्री के भोजन में प्रोटीन, वसा एवं कैल्शियम की मात्रा को बढ़ाना चाहिए। दूध द्वारा निष्कासित पदार्थों की पूर्ति के लिए अधिक मात्रा में दूध तथा दूध से बनी भोज्य वस्तुओं को ग्रहण करना चाहिए। तरल पदार्थों की मात्रा भी बढ़ानी चाहिए। प्रतिदिन आधे से पौने लिटर दूध पीना चाहिए। दाल, हरी पत्तेदार सब्जियाँ, फल, अन्य सब्जियाँ, मक्खन, घी, सूखे मेवे का प्रयोग किया जाना चाहिए जिससे पर्याप्त मात्रा में विटामिन, प्रोटीन वसा की प्राप्ति हो जाती है। दूध पिलाती माँ के लिए ICMR द्वारा निर्धारित आहार के संगठन एवं भोज्य तत्त्वों की तालिका इस प्रकार है–

परिश्रम का वर्ग	आवश्यक उर्जा (कैलोरी में)	प्रोटीन की मात्रा	कैल्शियम की मात्रा (ग्राम में)	लौह तत्त्व की मात्रा (कि. ग्राम में)	विटामिन की...मात्रा (आ. ई.)			
					A	B	C	D
सामान्य	1900	45	0.4	30	3000	1.0	50	200
मध्यम	2200	45	0.4	30	3000	1.2	50	200
अधिक	3000	45	0.5	30	3000	1.5	50	200
बच्चे को दूध पिलाते समय	3700	65	0.6	30	4600	1.9	80	200

साधारण आहार की तालिका (मध्यम परिश्रम) शाकाहारी महिला के लिए निम्नानुसार है–

भोज्य पदार्थों का नाम	*मात्रा (ग्राम में)*
अनाज	450
दाल	80
हरी पत्तेदार सब्जियाँ	150
अन्य सब्जियाँ	75
जड़ वाली सब्जियाँ	75
फल	30–40
दूध तथा दूध से बनी वस्तुएँ	500–1000
वसा व तेल	50
शक्कर व गुड़	50
मूँगफली	40

मल–मूत्र का निकास

इस समय कब्ज एक सामान्य-सी बात होती है क्योंकि आहार की सही, उचित व्यवस्था होने में समय लगता है। प्रसव के कारण निर्जलीकरण की स्थिति पैदा हो सकती है, उदर की पेशियाँ निष्क्रिय एवं ढीली हो जाती हैं, स्टिच आदि हो सकती हैं, व्यायाम की कमी तथा पोषक तत्त्व जैसे विटामिन बी कॉम्प्लैक्स की कमी से भी कब्ज हो जाता है। इसके लिए मिल्क ऑफ मेग्नीशिया अथवा पैराफिन का सेवन किया जा सकता है, सपोसिटरी (Suppositroy) एनीमा का प्रयोग भी किया जा सकता है। ये पदार्थ दूध के द्वारा शिशु तक पहुँच सकते हैं। अतः इनका प्रयोग अधिक मात्रा में अथवा प्रतिदिन करना सर्वथा अनुचित है।

प्रसव के बाद लगभग 24 घण्टों तक, मूत्र विसर्जन कठिनाई से होता है। यदि स्त्री लेटी रहती है तो यह समस्या और अधिक बढ़ जाती है। ऐसी स्थिति में कैथीटर का प्रयोग करना पड़ सकता है। अधिक देर तक मूत्र के मूत्राशय में पड़े रहने से संक्रमण का डर रहता है। तरल पदार्थों की मात्रा के बढ़ने पर, डायूरेटिक्स के प्रयोग से स्थिति पर नियंत्रण किया जा सकता है। स्तनपान कराते समय मूत्र में पेप्टोन भी विद्यमान रहता है। मूत्र विसर्जन की संवरणी पेशियों के संकुचन (Spasm) से भी मूत्र सही तरीके से नहीं निकल पाता है।

विश्राम एवं निद्रा

प्रसव के बाद 14 दिन तक पूर्ण शारीरिक एवं मानसिक विश्राम अनिवार्य होता है क्योंकि कठिन परिश्रम एवं मानसिक चिन्ता के उपरान्त शरीर पूर्ण विश्राम चाहता है। अस्पताल से 6–7 दिन बाद ही छुट्टी मिल जाती है। प्रसव के बाद 20 या 24 घण्टे में (यदि स्टिच आदि नहीं हों) प्रसूति को चलने-फिरने दिया जाता है लेकिन अन्य कार्यों को 10 दिन तक स्थगित ही रखना चाहिए। प्रसूति के लिए रात्रि को 8 से 10 घण्टे की निद्रा आवश्यक है। शिशु के कारण यदि रात्रि को निद्रा में बाधा आती है तो दोपहर को भी 2–3 घण्टे आराम करना चाहिए। स्टिच होने की अवस्था में या स्तनों के भारीपन के कारण यदि नींद नहीं आती है तो नींद की गोली भी ली जा सकती है क्योंकि इस अवस्था में निद्रा की कमी के परिणामस्वरूप तनाव पैदा हो सकता है जिससे मानसिक विकार एवं अन्य कोई बीमारी का होना सम्भव है।

प्रसव के बाद प्रसूतिका को 24 घण्टे तक सोने देना चाहिए तथा उसको किसी प्रकार की उत्तेजना से बचाना चाहिए। इस अवस्था में सम्वेगात्मक असन्तुलन सामान्य रूप के उत्पन्न से हो जाता है। पूर्ण आराम अथवा विश्राम ही इसका एक मात्र उपाय होता है।

स्तनों की देखभाल तथा शिशु को दूध पिलाना

प्रसवोपरान्त 2–3 दिनों तक स्तनों की नलिकाओं में दूध जम जाने से वह खट्टा होने लगता है तथा दूध के थक्के बन जाते हैं। इससे दूध की आवश्यकता के समय उसके निरन्तर प्रवाह में बाधा आती है। कुपिका (Alveoli) बड़ी होकर फूल जाती है। शिराएँ भी फूल जाती हैं एवं परिणामस्वरूप स्तन के कुछ अंश कठोर एवं पीड़ादायक हो जाते हैं। चूचुक ज्यादा कठोर, सूजे हुए होने से दूध पिलाना कष्टदायक हो जाता है। इस समय के बाद दूध का प्रवाह लगातार बने रहने से समस्या हल हो जाती है। यह एक स्वाभाविक प्रक्रिया है। दूध की अधिकता होने पर हाथ अथवा मशीन द्वारा भी दूध को स्तन से निकाल कर प्रवाह को लगातार बनाए रखा जा सकता है। शिशु के दूध पीने से अधिक दूध का निर्माण होता है और प्रवाह भी बढ़ता है। पहले दो-तीन दिन स्तनों से निकलने वाले द्रव का रंग हल्का पीला होता है जिसे कोलोस्ट्रम (Colostrum) कहते हैं। कोलोस्ट्रम में 87% पानी, 6% शर्करा, 4% वसा, 2% प्रोटीन तथा शेष 1% खनिज लवण होते हैं। स्तनपान कराने का संवेगों से निकट सम्बन्ध रहता है। अधिक उपवास करने से भी दूध के निर्माण पर विपरीत प्रभाव पड़ता है।

> **प्रसव के कितनी देर बाद से स्तनपान शुरू करवाना चाहिए?**
>
> स्वाभाविक प्रसव के कम से कम आधे घन्टे के बाद स्तन पान शुरू करना चाहिए और सिजेरियन सैक्शन के चार घन्टे के बाद।

चुचुकों की सफाई प्रतिदिन करनी चाहिए। उनके लचीलेपन को बनाए रखने के लिए लिनोलिन (Lenolin) मरहम लगाना ज्यादा लाभदायक होता है। स्तन के ऊपरी भाग से चुचुकों की ओर, दिन में दो या तीन बार मालिश करने से भी दूध का प्रवाह लगातार होता रहता है।

स्तनपान कराने के कई फायदे हैं–(1) कृत्रिम दूध पर पले हुए बच्चे की तुलना में माता के दूध पर पालित बच्चे की आयु लम्बी होती है। शिशु की मृत्यु की सम्भावना भी निश्चित रूप से कम होती है। (2) माता और शिशु के मध्य का सम्बन्ध निकटस्थ का बनता है। (3) शिशु के लिए पूर्णरूपेण, पोषणयुक्त, निसंक्रमित, शिशु की पाचन प्रणाली के लिए सदैव उपयुक्त और अनुकूल आहार मिलता है। (4) यह सुविधापूर्ण भी रहता है। (5) बच्चे में पाचन विकार की सम्भावना भी बहुत कम होती है।

दूध पिलाने के लिए माता को सुविधानुसार बैठना चाहिए। आरामकुर्सी पर बैठकर या बिस्तर पर लेटकर स्तनपान कराना अधिक फलदायक होता है।

माता को स्तनपान करवाने की विधि के बारे में पूर्ण जानकारी होना आवश्यक है। यहाँ स्तनपान कराने की विधि के सन्दर्भ में जानकारी दी जा रही है। अंगूठे के पास की पहले एवं दूसरी अंगुली से स्तन को दबाकर चुचुक को आगे की ओर निकाल कर शिशु के मुँह में देना चाहिए। ऐसा करने से शिशु केवल चूचुकों को ही अपने जबड़ों से नहीं पकड़ता, क्षेत्रिका को भी अपने मुँह में दबाता है। इस प्रकार स्तनपान करने पर शिशु की नाक स्तनों से बन्द नहीं होती और उसको आवश्यकतानुसार श्वास में भी बाधा नहीं आती। स्तनपान कराने के बाद शिशु को अपनी भुजाओं पर सीधे लिटाकर पीठ पर हाथ फेरना चाहिए। इस प्रकार व्यवहार करने से स्तनपान करते समय शिशु के पेट में गई वायु डकार के द्वारा बाहर निकल जाती है।

दूसरे दिन से शिशु को हर स्तन से 3 से 5 मिनट तक दुग्धपान कराना चाहिए। 3 या 4 घण्टे बाद एक बार शिशु को स्तनपान कराना चाहिए।

रात्रि में भी स्तनपान कराना जरूरी है। तीसरे दिन से दुग्धपान कराने को अवधि को बढ़ाकर 10 मिनट और फिर 20 मिनट तक बढ़ाना चाहिए। कोलोस्ट्रम का अपना लाभ होता है। इसके पान करने से शिशु में संक्रामक रोगों को रोकने की क्षमता पैदा होती है।

शिशु के रोने पर या भूख से तड़पने पर 3 अथवा 4 घण्टे से पहले भी स्तनपान कराना आवश्यक है। पुरानी धारणाओं के अनुरूप शिशु को समय होने पर ही दूध पिलाया जाता था लेकिन वैज्ञानिक धारणाओं के अनुसार अब शिशु के शरीर की आवश्यकता के अनुसार स्तनपान करवाया जाता है। ग्रीष्म ऋतु में निर्जलीकरण की स्थिति पैदा हो सकती है इसलिए शिशु को ड्रापर की मदद से पानी भी पिलाना चाहिए। बोतल के प्रयोग से शिशु स्तनों को चुसने की विधि में भी भूल कर सकता है और इस प्रकार बेकार की परेशानी हो सकती है।

अगर किसी कारण स्तनों में दूध का आना रुक जाता है या स्तनों में सूजन आ जाती है, शिराएँ फूल जाती हैं, स्तन गर्म, लाल तथा पीड़ादायक हो जाते हैं। इस स्थिति में ज्वर हो जाना भी सम्भव है। इस अवस्था में माता को चाहिए कि वह शिशु को दूध पीने के लिए बाध्य करें, उसे स्तन पान के लिए प्रोत्साहित करें। शिशु को स्तन-पान कराने के बाद, हर बार, साफ पानी में रूई भिगोंकर चुचुकों को साफ

करना जरूरी है। स्तनपान कराने पाली स्त्री को ढीले वस्त्र पहनने चाहिए। कसे हुए वस्त्र पहनने से स्तनों पर बुरा प्रभाव पड़ता है और बाद में स्तनों में गाँठे बनने की प्रबल सम्भावना रहती है।

माता के दूध का संगठन

	कोलस्ट्रम (प्रतिशत)	माता का दूध (प्रतिशत)
वसा	3.15	3.50
प्रोटीन	2.25	1.25
कार्बोज	4.00	7.25

माता के दूध में प्राप्त प्रोटीन तीन प्रकार का होता है– (i) केसिनीजेन (Caseinogen), (ii) लैक्टाल्ब्युमिन (Lactalbumin), तथा (iii) लैक्टोग्लोब्यूमिन (lactoglubulin)।

पाँचवें दिन माता के स्तनों में दूध की मात्रा 300 ml. एवं दसवें दिन बढ़कर 480 ml.तक हो जाती है। दूध का कैलोरी मूल्य 100 मिलीलीटर दूध में 70 कैलोरी होता है।

व्यायाम एवं चलना

प्रसव के बाद 24 घंटे बाद स्त्री को चलने-फिरने देना चाहिए। वह अपनी सुविधानुसार शौचालय तक जा सकती है। इच्छानुसार स्नान करने के लिए भी स्वयं जा सकती है। इतने से सुविधानुसार अपनी इच्छा से चलने-फिरने से भी स्त्री की माँसपेशियों का टोन (Tone) सुधर जाता है तथा लोशिया (Lochia) का स्राव बढ़कर शीघ्र समाप्त हो सकता है। यदि प्रसव में टाँके लगाने (Stitching) की जरूरत पड़ी हो तो उस हालत में स्त्री को तीन दिनों तक पर्याप्त आराम करना चाहिए। चलने से पहले पेट प्रदेश को एक बाइण्डर (Binder) द्वारा आधार देकर बाँधना ज्यादा उचित होता है। ऐसी स्त्री को श्वास लेने सम्बन्धी तकनीक बताना भी जरूरी है। इसके अलावा पेट की पेशियों को ढीली तथा निष्क्रिय होने से बचाने के लिए तथा पैरों में रक्त प्रवाह को बनाए रखने के लिए ऐसी स्त्री को व्यायाम की जरूरत होती है।

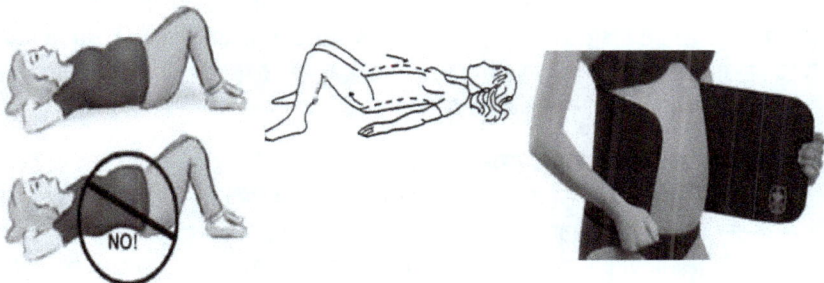

व्यायाम करने के लिए उसको बिस्तर छोड़ने की जरूरत नहीं होती है। उसे सीधा बैठना चाहिए क्योंकि शारीरिक स्थिति का प्रभाव अंगों पर पड़ता है। एक चपटे तकिए की मदद से बिस्तर पर ही पेट के बल लेटना चाहिए। इस प्रकार बिस्तर पर ही सक्रिय गति करते रहना चाहिए। बिस्तर पर ही किए जाने योग्य अन्य व्यायाम निम्न हैं–

पहले दिन टाँगों को मोड़कर, पैरों को बिस्तर पर सीधा रखकर गहरी श्वास लेना उपयोगी होगा। इसके बाद अंगुठों को मोड़ना तथा सीधा करना चाहिए। फिर एक-एक करके पैरों को ऊपर नीचे एवं सीधा करना लाभदायक होता है। लेटे-लेटे पेट को अन्दर की ओर संकुचित करना है इसके लिए मात्र पीठ को धनुषाकार (Back Arching) में लाना चाहिए।

दूसरे दिन, पहले दिन के व्यायाम के साथ-साथ अन्य व्यायाम जैसे–बैठकर पैरों को स्टूल पर रखकर अंगूठे एवं पैरों का व्यायाम करना चाहिए। इसके अलावा लेटकर नितम्ब (Hip) को बारी-बारी से उठाना चाहिए और बार-बार अपने पार्श्व में घूमकर सीधा होना चाहिए। यह अच्छा व्यायाम है।

तीसरे दिन, पहले एवं दूसरे दिन के व्यायाम की पुनरावृत्ति के बाद अपने दोनों पैरों को मोड़कर प्रत्येक ओर करवट लेकर पलटना (Roll) लेना चाहिए। उदर की पेशियों का संकुचन पहले बाएँ एवं फिर दाहिनी का करना उपयोगी होता है।

चौथे दिन, प्रारंभ में पहले तीन दिन किये गये व्यायाम को दोहराना चाहिए। इसके बाद घुटने टेक कर पेट की पेशियों को अन्दर तथा बाहर करना चाहिए उसके बाद सीधे खड़े होकर गहरी श्वास लेनी चाहिए। प्रतिदिन कमर की माप भी लेनी चाहिए। उदर की पेशियों पर विशेष रूप से ध्यान देना उपयोगी होगा।

पाँचवें दिन, व्यायाम करते समय पहले चारों दिन किए गए व्यायाम की पुनरावृत्ति करने के बाद घुटने टेक कर बैठना चाहिए। उसके बाद धीरे-धीरे उठना और बैठना चाहिए। उसके बाद खड़े होकर उदर की पेशियों को श्वास की सहायता से अन्दर बाहर संकुचित करना चाहिए। सही तरीके से चलना, पीठ को सीधा रखना, बच्चे को उठाना, काम करते समय पीठ के तनाव से बचने के उपाय करना इस अवस्था के अन्य उपयोगी व्यायाम हैं।

व्यायाम करने से पेशियों की कमजोरी समाप्त हो जाती है। पेशियों के संकुचन विमोचन से उनकी स्थिति स्वस्थ बनी रहती है, रक्त परिभ्रमण में भी बाधा नहीं आती तथा शिराओं में आंतरिक थक्का (Thrombosis) नहीं बन पाता। श्वास के व्यायाम करने से फेफड़े स्वस्थ रहते हैं, छाती की क्षमता बढ़ती है, रक्त शुद्धि होती है, भूख लगती है, निद्रा आती है और अच्छे स्वास्थ्य के फलस्वरूप मुँह पर चमक आती है। उदर की पेशियों के स्वस्थ रहने से कब्ज की शिकायत नहीं रहती एवं उदर की पेशियों के शीघ्र प्रतिक्रिया करने से गर्भावस्था से पहले की स्थिति में पहुँच जाती है। व्यायाम से पैरों की पीड़ा खत्म हो जाती है। इस प्रकार आसन अथवा संस्थिति (Posture) दोषों को दूर करते हैं और अंगों को स्थान च्युतता से बचाते हैं, अनावश्यक पेशीय खिंचाव या पेशियों के लटक जाने की संभावना भी समाप्त हो जाती है। व्यायाम अंतर्वलन में सहायता पहुँचाता है।

मानसिक स्वास्थ्य तथा सही दृष्टिकोण

सामान्य रूप से प्रसव के बाद स्त्री संवेगात्मक असंतुलन से ग्रस्त हो जाती है। उसे अपने नए सम्बन्धों के साथ सामंजस्य स्थापित करना पड़ता है। पति के साथ उसके पूर्व के सम्बन्धों में बदलाव आ जाता है। अब वह शिशु के प्रति कर्त्तव्यों से अधिक बंधी हुई होती है। इससे पति में कुछ ईर्ष्या की भावना पैदा हो जाती है जो स्वाभाविक है। यदि कोई और बच्चा है तो वह अब उनके ऊपर भी पूरा ध्यान नहीं दे पाती है। वह परम्परागत रूढ़ियों से बँधी रहती है जिनके अनुसार कुशल गृहिणी को चाहिए कि वह उत्तम गृहिणी होने के साथ ही साथ कुशल माता भी साबित हो। जब प्रसूति गृह से घर में आकर गृहिणी बनती है, उपर्युक्त दायित्व को निभाना इसके लिए बहुत दुष्कर कार्य होता है। नवजात शिशु की आवश्यकताओं की पूर्ति में उसकी लगभग समस्त ऊर्जा व्यय हो जाती है, इस कार्य में

पर्याप्त समय भी लग जाता है फलस्वरूप, वह समय के अभाव और ऊर्जा की कमी के कारण पहले की भांति न तो अन्य कार्य ही कर पाती है और न ही अन्य लोगों के प्रति ध्यान दे पाती है। संयुक्त परिवार में तो उसे परिवार के अन्य सदस्यों से कुछ सहायता मिल भी जाती है लेकिन एकल परिवार में और अधिक समस्या होती है। शहरों के एकाकी परिवार में ऐसी समस्याओं के दर्शन होते रहते हैं। परिणामस्वरूप अब वह संवेगात्मक तनावों से ग्रस्त हो जाती है।

इस परिस्थिति में पहुँच कर वह महसूस करती है कि उसका समस्त उत्तरदायित्व, इस नन्हें से शिशु के प्रति ही रह गया है जो पूर्णरूप से पराश्रित है। आरंभ में उसे इस छोटे से शिशु के व्यवहार का सही पता नहीं लग पाता है। वह सामान्य बात पर भी गला फाड़कर रोने लगता है। उसको इस बात का विचार भी नहीं रहता कि इस समय दिन है या रात्रि। रात्रि को शिशु के रोने से माता की निद्रा में भी व्यवधान आता है। वह हर बार शिशु के रोने पर जागती है। परिणामस्वरूप उसे अल्प निद्रा के कारण थकान हो जाती है। इस असहाय परिस्थिति के कारण उसको शीघ्र ही क्रोध आ जाता है। बार-बार का यह गुस्सा उसके स्वभाव को चिड़चिड़ा बना देता है।

पति के साथ स्थापित नए सम्बन्धों से एवं उसकी उचित अनुचित माँगों से भी वह परेशान रहती है। पति से तो वह अपेक्षा करती है कि वह शिशु की देखभाल में उसको मदद करे, उसका हाथ बँटाएगा। उसकी स्वयं की उर्जा का अधिकांश भाग तो शिशु की देखभाल में ही व्यय हो जाता है। इसलिए घरेलू कार्यकलापों के लिए उसके पास पर्याप्त शक्ति का अभाव रहता है। गृहस्थी के समस्त उत्तरदायित्वों को कुशलतापूर्वक न निभा पाने के कारण वह स्वयं को दोषी मानती है। इससे उनमें निराशा एवं हीनता का भाव पैदा होता है। शीघ्र रोने लगना, अपूर्णता का भाव, समायोजन की क्षमता में कमी, थकान, भूख की कमी, जी मिचलाना आदि के रूप में उसका मानसिक अवसाद दृष्टिगोचर हो सकता है।

इस समय शिशु और माता को मानसिक रूप से स्वस्थ रखने की बहुत अधिक आवश्यकता होती है। उसके मन को प्रसन्न एवं सन्तुलित रखना परम आवश्यक होता है। इस स्थिति में उसके पति को चाहिए कि उससे सहानुभूति पूर्ण व्यवहार करे तथा यथासम्भव घरेलू कार्यों में भी उसको मदद करे। पत्नी को तनावपूर्ण चिन्ताओं से, यथासम्भव मुक्त रखने का प्रयास करना पति का परम कर्त्तव्य होता है। इसके लिए उसको चाहिए कि ऐसे विचारों को पत्नी के मन से बलपूर्वक हटाए तथा सुखद स्मृतियों को ताजा करके उसके मन को सदा प्रसन्न रखे। उसके मन को बहलाने के लिए कई प्रकार के प्रयत्न करे।?

प्रसवोपरान्त विषाक्तता (Post-gestational Poisoning)

प्रसव के बाद योनि मार्ग के संक्रमण, मूत्र नलिका, स्तन एवं श्वसन नलिका के संक्रमण से तीव्र ज्वर हो जाता है जिसका तुरन्त उपचार करना परम आवश्यक है। प्रसव के पश्चात् की विषाक्तता का प्रमुख कारण योनि मार्ग का संक्रमित होना है। सफाई की कमी के कारण ही यह संक्रमण होता है। इस संक्रमण के कारण तीन चौथाई नक प्रसुतियों की मृत्यु हो जाती है।

कारण–प्रसव के बाद योनि, मार्ग के संक्रमण का कारण एक विशेष प्रकार का जीवाणु होता है जिसको Strepto Coccus Faecalis कहते हैं। यह संक्रमण निम्न कारणों से होता है–

1. प्रसव के बाद अपरा के बाहर निकल आने से गर्भाशय की दीवार पर एक हरा कच्चा घाव बना रहता है एवं प्रसव के समय उत्पन्न घाव (Wounds of Birth Canal) अथवा ग्रीवा के फटने से घावों में संक्रमण हो जाता है।

2. मल में मौजूद जीवाणु भी योनि मार्ग तक पहुँच जाते हैं। यह नर्स या स्वयं प्रसूता की असावधानी के कारण होता है।
3. अस्पताल में विद्यमान अन्य संक्रमित व्यक्तियों जैसे रोगियों से, नर्स से, नौकरों से तथा उपकरणों से भी संक्रमण फैलता है। खाँसी, जुकाम एवं छींक आदि से जीवाणु फैलते हैं। धूल और आँधी से भी संक्रमण हो सकता है।
4. बेडपेन, शौचालय, आदि से एवं भोज्य पदार्थों जैसे– दूध, जूस आदि से संक्रमण हो सकता है।
5. अगर प्रसूता कुपोषित है और उसमें रोगों को रोकने की क्षमता का अभाव है, किसी अन्य रोग या रोगों से पीड़ित है या उसके शरीर पर कहीं कोई घाव है ऐसी स्थिति में भी संक्रमण का होना सामान्य-सी बात है।

लक्षण–संक्रमण की पहचान निम्न लक्षणों के द्वारा की जा सकती है–

1. ज्वर 103° & 105°F तक रहता है।
2. प्रसव के बारह घण्टे बाद तापमान अचानक ही बढ़ता है एवं कंपन भी होता है।
3. नाड़ी की गति बढ़ जाती है। इस समय नाड़ी की गति 120-140 बार प्रति मिनट हो जाती है। गर्मी महसूस होती है और सिर में असह्य दर्द हो जाता है। पीठ में भी दर्द हो सकता है।
4. पेट के निचले भाग में दर्द होता है एवं गर्भाशय पर सूजन भी आ जाती है।
5. उल्टी एवं दस्त होना भी संभव है।
6. गर्भाशय के आकार को पूर्व स्थिति में आने में अत्यधिक समय लगता है क्योंकि विषाक्तता के कारण अन्तर्वलन प्रक्रिया या तो बन्द हो जाती है अथवा मंद हो जाती है।
7. रक्त स्राव अथवा लोशिया बहुत बदबू युक्त होता है। लोशिया में जीवाणु की विद्यमानता का पता परीक्षण द्वारा भी किया जा सकता है।

उपचार–प्रसव के बाद विषाक्तता से छुटकारा पाने के लिए बहुत अधिक सावधानी की जरूरत होती है। इसके लिए निम्नलिखित बातों का ध्यान रखना चाहिए–

1. रोगी को एक अलग कमरे में शोर, प्रकाश एवं गर्मी से दूर रखना चाहिए।
2. रोगी की देखभाल के लिए एक नर्स को बहाल करना चाहिए। दर्द को कम करने के लिए औषधिओं का सेवन करना चाहिए। निद्रा के लिए भी दवा ली जा सकती है।
3. भोजन में तरल पदार्थ अधिक देना चाहिए।
4. रक्त, मूत्र तथा लोशिया का परीक्षण करवाना चाहिए।
5. जीवाणु के अनुसार एण्टी बायोटिक्स देना चाहिए।
6. यदि संक्रमण स्टिच के द्वारा हुआ है तो उसे खोलकर साफ सुई से घाव को छेदकर या रक्त निकालकर पुनः टांके लगाने चाहिए।
7. खून की कमी को दूर करने के लिए अगर रक्त देना पड़े तो रक्त देने की व्यवस्था करनी चाहिए।

निरोध उपाय–प्रसव के बाद विषाक्तता से छुटकारा पाने के लिए जितना उपचार आवश्यक है उतना ही आवश्यक कदम इस बात के लिए उठाना चाहिए जिससे यह जानलेवा रोग किसी प्रसूता को नहीं हो। इसके लिए निम्नलिखित निरोधक उपायों पर ध्यान देना परम आवश्यक है–

1. चिकित्सालय स्वच्छ और निःसंक्रामक हो एवं इस प्रकार के रोगी के लिए अलग कमरे की व्यवस्था हो।
2. अस्पताल के कर्मचारी अपने काम पर आने से पूर्व आश्वस्त हो लें कि उनका न तो गला खराब है और न ही उन्हें जुकाम है। ऐसी स्थिति में उनको नाक पर एण्टीसेप्टिक क्रीम भी लगाना जरूरी है। इसके अभाव में उनको प्रसूता के कमरे में नहीं आना चाहिए।

3. प्रसव के लिए स्त्री को अस्पताल में प्रवेश देने से पूर्व शरीर का परीक्षण करवाने के लिए बाध्य किया जाये जिससे यह पता चल सके कि उसके शरीर पर कोई घाव नहीं है और न ही उसके दाँत संक्रमित हैं। प्रसव से पहले स्त्री को स्नान करवाना चाहिए।
4. प्रसव के समय उपयोग में लाए जाने वाले सभी उपकरणों को तथा उसके कमरे को जहाँ प्रसव होना है-निसंक्रमित कर देना चाहिए।
5. बैड़ेपैन अथवा घाव की मरहम पट्टी करते समय झाड़ू नहीं लगानी चाहिए। ऐसा करने से धूल कण योनि मार्ग तक नहीं पहुँच सकेंगे।
6. प्रसव के बाद ऐसी व्यवस्था की जानी चाहिए कि प्रसूता को पर्याप्त स्वच्छ हवा, संतुलित भोजन, पर्याप्त निंद्रा तथा विश्राम मिल सके। प्रसूता के लिए उपयोगी व्यायाम की भी व्यवस्था होनी चाहिए। प्रसूता की व्यक्तिगत सफाई भी परम आवश्यक है।
7. प्रसव के बाद कम से कम 21 दिन तक यौन सम्बन्ध स्थापित नहीं करना चाहिए।
8. नर्स एवं डॉक्टर को परीक्षण के समय मुख वस्त्र (Mask) पहने रहना चाहिए।

प्रसव-पश्चात् अवसाद (Post-delivery Depression)

प्रसव के उपरांत पहले कुछ हफ्तों या महीनों में होने वाली अत्यंत दुख और सम्बन्धित मानसिक विचलितताओं की अनुभूति को प्रसव-पश्चात् अवसाद कहते हैं। शिशु-जन्म के उपरांत 3 दिनों के भीतर दुख या बेबसी का अनुभव होना आम है। स्त्रियों को इन अनुभूतियों के बारे में बहुत अधिक चिंता नहीं करनी चाहिये क्योंकि ये अनुभूतियां सामान्यतया 2 हफ्तों में गायब हो जाती हैं। प्रसव-पश्चात् अवसाद एक अधिक गंभीर मूड का बदलाव होता है। यह हफ्तों या महीनों तक रहता है और दैनिक कार्य-कलाप में विघ्न डालता है। लगभग 10 से 15 प्रतिशत स्त्रियाँ इससे प्रभावित होती हैं। यदा-कदा, एक और भी गंभीर विकार, प्रसव-पश्चात् मनोविक्षिप्तता भी उत्पन्न होता है।

जिन स्त्रियों को पहले कभी अवसाद हुआ हो, उनमें प्रसव-पश्चात् अवसाद होने की संभावना अधिक होती है।

स्त्रियाँ अत्यंत दुखी महसूस करती हैं, चिड़चिड़ी और मूडी हो जाती हैं, तथा दैनिक गतिविधियों और शिशु में रुचि खो सकती हैं।

परामर्श के साथ अवसाद रोधी दवाओं का प्रयोग इसके उपचार में मददगार हो सकता है।

कारण

प्रसव के बाद दुख या अवसाद होने के निम्न कारण हो सकते हैं–

1. प्रसव के पहले या उसके दौरान होने वाला अवसाद या कोई अन्य मानसिक विकार,
2. अवसाद से ग्रस्त करीबी रिश्तेदार (पारिवारिक इतिहास),
3. हार्मोनों के स्तरों में अकस्मात गिरावट (जैसे ईस्ट्रोजन, प्रोजेस्टोरोन), शिशु को जन्म देने और उसे पालने सम्बन्धी तनाव (जैसे शिशु-जन्म के समय की कठिनाईयां, नींद का अभाव, थकान, स्वतंत्रता खो देना, और अकेलेपन और असामर्थ्य की अनुभूतियाँ),
4. सामाजिक सहयोग का अभाव,
5. वैवाहिक मतभेद,
6. जीवन के अन्य महत्त्वपूर्ण तनाव कारक जैसे आर्थिक कठिनाईयाँ या हाल में हुआ बदलाव।

यदि स्त्रियों को गर्भाधान होने के पहले अवसाद हुआ हो तो उन्हें इसकी सूचना डॉक्टर या दाई को देनी चाहिये। ऐसा अवसाद अकसर प्रसव-पश्चात् के अवसाद में बदल जाता है। गर्भावस्था में अवसाद होना आम है और यह प्रसव-पश्चात् अवसाद के लिये महत्त्वपूर्ण जोखिम-कारक है।

लक्षण

लक्षणों में बार-बार रोना, मूड के उतार-चढ़ाव, चिड़चिड़ापन और अत्यंत दुख के भाव शामिल हैं। कम आम लक्षणों में तीव्र थकान, ध्यान केंद्रित करने में कठिनाई, निद्रा की समस्याएँ, संभोग और अन्य गतिविधियों में अरूचि, बेचैनी, भूख में बदलाव और अपर्याप्तता या निराशा की भावनाएँ शामिल हैं। स्त्रियों को काम करने में कठिनाई होती है। उन्हें अपने शिशु में रूचि नहीं होती है।

प्रसव-पश्चात् मनोविक्षिप्तता में, अवसाद के साथ आत्महत्या के या हिंसक विचार, मतिभ्रम, या विचित्र व्यवहार हो सकते हैं। कभी-कभी प्रसव-पश्चात् मनोविक्षिप्तता में शिशु को हानि पहुँचाने की इच्छा भी शामिल हो सकती है। पिता भी अवसाद-ग्रस्त हो सकते हैं और वैवाहिक तनाव बढ़ सकता है। बिना उपचार के, प्रसव-पश्चात् अवसाद कई महीनों या वर्षों तक रह सकता है, और स्त्रियाँ अपने शिशु के साथ बँध नहीं पाती हैं। परिणाम-स्वरूप बच्चे को आगे चलकर भावनात्मक, सामाजिक, और बोध-सम्बन्धी समस्याएँ हो सकती हैं। प्रसव-पश्चात् अवसाद से ग्रस्त करीब तीन या चार स्त्रियों में से एक को यह फिर से हो सकता है।

निदान

शीघ्र निदान और उपचार स्त्रियों और उनके शिशुओं के लिये महत्त्वपूर्ण है। प्रसव के बाद 2 हफ्तों से अधिक तक लगातार दुखी महसूस करने और अपनी सामान्य गतिविधियां करने में कठिनाई होने पर या स्वयं या शिशु को हानि पहुंचाने के विचार आने पर स्त्रियों को अपने डॉक्टर से अवश्य सलाह करनी चाहिये। यदि परिवार के सदस्यों और मित्रों को लक्षण दिखें तो उन्हें स्त्री से बात करनी चाहिये और डॉक्टर की सलाह लेने के लिये प्रोत्साहित करना चाहिये।

डॉक्टर अवसाद का निदान करने का प्रयत्न कर सकते हैं। वे यह जानने के लिये रक्त परीक्षण भी कर सकते हैं कि कहीं कोई विकार, जैसे थायरायड विकार या अन्य लक्षणों का कारण तो नहीं है।

प्रसव के बाद अवसाद की रोकथाम

1. शिशु-जन्म के बाद स्त्रियाँ दुख की अनुभूतियों को रोकने के लिये निम्न कदम उठा सकती हैं–
2. जितना संभव हो उतना विश्राम करना---उदाहरण के लिए। जब बच्चा सो रहा हो तभी स्वयं भी झपकी ले लेना
3. सब-कुछ करने का यत्न न करना---उदाहरण के लिए। घर को साफ रखने और हर समय घर में भोजन तैयार करने की कोशिश नहीं करना।
4. परिवार के सदस्यों और मित्रों से सहायता का अनुरोध करना।
5. अपनी अनुभूतियों के बारे में किसी से (पति या सहयोगी, परिवार के सदस्य या मित्र) बात करना
6. प्रतिदिन स्नान करना और सजना-संवरना।
7. नियमित रूप से घर के बाहर जाना उदाहरण के लिए– खरीदारी के लिये निकलना, मित्रों से मिलना या सैर करना।

8. अपने पति या सहयोगी के साथ अकेले में समय बिताना।
9. अन्य माताओं को साथ समान अनुभवों और अनुभूतियों के विषय में बात करना।
10. अवसाद-ग्रस्त स्त्रियों के किसी सहायता समूह में शामिल होना।

उपचार

यदि स्त्रियाँ दुखी महसूस करें, तो परिवार के सदस्यों और मित्रों का समर्थन ही साधारणतया काफी होता है। लेकिन अगर अवसाद का निदान हो जाए, तो पेशेवर मदद की भी जरूरत होती है। आदर्श रूप से परामर्श और प्रतिअवसादकों की सिफारिश की जाती है। प्रसव-पश्चात् मनोविक्षिप्तता से ग्रस्त स्त्रियों को अस्पताल में रखना पड़ सकता है, विशेषकर ऐसी पर्यवेक्षित इकाई में जहाँ उनके साथ शिशु को रहने दिया जाता हो। उन्हें मनोविक्षिप्तता-रोधी और प्रतिअवसादक दवाओं की जरूरत हो सकती है।

जो स्त्रियाँ स्तनपान करवा रही हों उन्हें ऐसी कोई भी दवा लेने के पहले अपने डॉक्टर से स्तनपान जारी रखने के बारे में परामर्श कर लेना चाहिये। स्तनपान जारी रखने देने के लिये कई विकल्प उपलब्ध हैं।

जननांग की प्रसवोपरान्त समस्याएँ

प्रसव से हुई जननांगों की पीड़ा का काल

सामान्यतः चलने और बैठने से होने वाली असुविधा के एक महीने तक समाप्त होने की आशा की जा सकती है पर दो महीने आराम से लग सकते हैं। योनिपरक सम्भोग में होने वाली असुविधा को तीन महीने लगते हैं पर छह महीने या अधिक भी लग सकते हैं।

प्रसव के बाद मूत्र त्याग में पीड़ा या बार-बार आना और बल्वा में जलन

प्रसव के बाद गर्भकाल के उच्च इस्ट्रोजन और प्रोजेस्ट्रोन जैसे हॉर्मोन्स तेजी से कम हो जाते हैं जिससे योनि में और बल्वा के आन्तरिक म्युकोसल अस्तर में रूखापन आ जाता है। परिणामस्वरूप, साबून से, रगड़ से, पैड के कैमिकल्स से, कंडोम और अन्य लगाने वाले लोशन से अंदर जलन हो तो वह बहुत कष्ट देती है।

प्रसव के बाद अनियंत्रित गैस निष्कासन अथवा मल त्याग की समस्या

योनिपरक प्रसव के बाद कुछ को अपने मल अथवा गैस को रोकना मुश्किल हो जाता है अधिकतर मलद्वार की स्फिन्स्टर मांसपेशियों में घाव के कारण होता है, घाव के उपचार के बाद भी कई बार ऐसा हो जाता है।

प्रसव के बाद योनि के खुल जाने या श्रोणि भ्रंश

इसके लिए डॉक्टर या फिजियोथैरेपिस्ट से सम्पर्क करें जो कि मांसपेशियाँ के खिंचाव को कम करने के लिए केगलस व्यायाम करने सुझाव देंगे।

कितनी बार स्तनपान कराना चाहिए

दिन के समय दोनों स्तनों से कम से कम 10-15 मिनट तक हर दो या ती घंटे के बाद स्तनपान कराना चाहिए। दिन में हो सकता है कि आपको बच्चे को जगाना पड़े (डॉयपर बदलने या बच्चे को सीधा

करने अथवा उस से बातें करने से बच्चे को जगाने में मदद मिलती है) ताकि आप की रातें आराम से गुजरें। जब बच्चे की पोषण परक जरूरतें दिन के समय ठीक से पूरी हो जाती हैं तो फिर वह रात को बार-बार नहीं जगता। कभी-कभी ऐसा भी होता है कि आप के स्तन रात को भर जाते हैं और शिशु सो रहा होता है, आप चाहते हैं कि उसे जगाकर दूध पिला दें। जैसे-जैसे बच्चा बड़ा होता है, दूध पिलाने की अवधि बढ़ती जाती है।

स्तनों की ऐंठन से बचाव

स्तनों की ऐंठन से बचने के लिए स्तनपान के अन्तराल को कम करना पड़ेगा जैसे कि डेढ़ या दो घन्टे के बाद शिशु को स्तनपान कराते रहें जब तक कि ऐंठन घटने न लग जाए।

प्रसव के बाद

प्रसवोपरान्त 6 सप्ताह के दौरान माँ को अनेक शारीरिक और भावनात्मक परिवर्तनों का अनुभव होता है गर्भाधारण और दर्द के तनाव के बाद माँ को उदासी तथा आँसू आ सकते हैं। उसके आन्तरिक अंग विशेषकर बच्चेदानी सामान्य आकार में आना। प्रसव के बाद लगभग चार सप्ताह के बाद बच्चेदानी से रिसने वाले रक्त तथा अन्य द्रवों का रंग धीरे-धीरे लाल रंग से पीले क्रीम के समान होने लगे अथवा बिल्कुल ही बंद हो जाए। यदि माँ स्तनपान नहीं कराती है तो 4 से 6 सप्ताह के अंदर माहवारी फिर से आरंभ होती है-अथवा माँ के स्तनपान कराने पर कई और माह के बाद।

संभावित जोखिम

प्रसव उपरान्त की अवधि में तीन प्रकार की गंभीर जटिलताएं पैदा हो सकती हैं–एक्लेम्पसिया (प्रसव के बाद पहले दो दिन या 48 घंटे के अंदर) संक्रमण और रक्त स्राव (तेज रक्त स्राव)। संक्रमण, प्रायः दीर्घकालीन प्रसव वेदना या कोशिकाओं के समय से पहले भंग होने के परिणामस्वरूप होता है। प्रसव के दौरान साफ-सफाई की कमी के परिणामस्वरूप भी ऐसा हो सकता है (जैसा कि प्रसूति परिचर के हाथ अथवा उपकरण साफ न हो) या सीजेरियन सेक्शन के बाद भी ऐसा हो सकता है। गंभीर संक्रमण के चिन्ह बुखार, सिरदर्द, पेट के निचले हिस्से में दर्द होना, योनि के रिसाव से बदबू आना तथा उल्टी व दस्त होना। ये खतरनाक चिह्न होते हैं। यदि किसी महिला में ये लक्षण हों तो उसे तुरंत क्लिनिक या अस्पताल में जाना चाहिए। रक्तस्राव प्रसव के बाद दस या इससे अधिक दिनों के बाद हो सकता है। प्रसव के बाद यदि पुरइन संपूर्ण रूप से बाहर नहीं आती है तो रक्तस्राव जारी रह सकता है तथा भारी मात्रा में हो सकता है। लोचिया जननेंद्रिया से होने वाला रक्तस्राव होता है। पहले यह शुद्ध रक्त होता है, बाद में पीलापन आता है, कम होने लगता है और अंत में जोखिम पैदा करता है जो कि प्रसव के उपरांत पैदा होती है, जैसे कि खून की कमी और नासूर पैदा हो जाना। नासूर के रूप में छिद्र होते हैं जो कि जननेंद्रिय और पेशाब के रास्ते अथवा मलाशय के बीच होते हैं।

प्रसव के बाद क्लिनिक में जाना

नयी माँ को अपने प्रथम प्रसवोत्तर जाँच के लिए प्रसवोपरांत 7 से 10 दिन के अंदर स्वास्थ्य सुविधा क्लिनिक में जाना चाहिए अथवा किसी स्वास्थ्य कार्यकर्ता को उसकी जाँच करने घर पर ही आना चाहिए। यदि उसका प्रसव घर पर ही हुआ हो तो यही सही रहता है। पहली जाँच के लिए जाना इसलिए महत्त्वपूर्ण है कि यह सुनिश्चित किया जा सके कि माँ और शिशु दोनों (जच्चा- बच्चा) प्रसव

और पीड़ा से उबर रहे हैं। यदि सभी कुछ ठीक-टाक हो तो अगली जाँच बच्चा पैदा होने से 6 सप्ताह बाद होनी चाहिए। जच्चा-बच्चा दोनों की पूरी तरह शारीरिक स्वास्थ्य परीक्षा करनी चाहिए और बच्चे का असंक्रमीकरण कराना चाहिए। इसके अतिरिक्त स्तनपान, संभोग सम्बन्ध, परिवार नियोजन और बच्चे के असंक्रमीकरण या अन्य विषयों के सम्बन्ध में महिला द्वारा पूछे गए प्रश्नों के उत्तर देने का यह एक अति उत्तम अवसर होता है।

खानपान और विश्राम

बच्चे के जन्म के पश्चात, महिलाओं को उनकी शक्ति पुनः प्राप्त करने और प्रसव पीड़ा तथा प्रसव से उबरने के लिए अच्छे खान-पान की आवश्यकता होती है। खून की कमी न होने पाए इसलिए उनको लौह (आयरन) गोलियाँ लेते रहना चाहिए, विशेषकर जबकि प्रसव के दौरान काफी खून बह गया हो। यदि कोई महिला स्तनपान कराती है तो उसके भोजन में अतिरिक्त खाद्य और पीने की व्यवस्था होनी चाहिए। स्तन-पान कराने वाली महिलाओं को गर्भावस्था के दौरान खाने से भी कहीं अधिक भोजन की आवश्यकता होती है क्योंकि स्तन-पान कराने से स्वास्थ्य-वर्द्धक संचयन की माँग होती है। कैलोरी, प्रोटीन, लौह, विटामिन तथा अन्य सूक्ष्म पौष्टिक पदार्थों से युक्त भोजन करना चाहिए। उदाहरण के लिए दालें, दूध तथा दूध से बने पदार्थ हरी पत्तियों वाली सब्जियाँ तथा अन्य सब्जियाँ, फल, मुर्ग उत्पाद, मांस, अंडा और मछली। प्रसव के तुरंत बाद तथा पुरइन गिरने के दौरान वर्जित भोजन पदार्थों की संख्या गर्भावस्था के दौरान से कहीं अधिक होती है। इनको प्रोत्साहन नहीं देना चाहिए। उनको यह भी ध्यान रखना चाहिए कि वे तरल पदार्थ अधिक मात्रा में लें। महिलाओं को प्रसवोत्तर अवधि में पर्याप्त विश्राम की आवश्यकता होती है जिससे कि वे अपनी शक्ति पुनः प्राप्त कर सके। उसको, उसके पति तथा परिवार के अन्य सदस्यों द्वारा यह परामर्श देना चाहिए कि उसको अपना तथा बच्चे की देखभाल के अतिरिक्त कोई अन्य भारी कार्य नहीं करना है।

प्रश्वोतर खतरे के लक्षण

बच्चे के जन्म के पश्चात किसी महिला को यदि निम्नलिखित खतरे का चिन्ह दिखाई दे तो उसे शीघ्र ही डाक्टर से अपनी जाँच करानी चाहिए–

1. बेहोश होना, दौरा पड़ना या ऐंठन होना
2. रक्त-स्राव घटने के स्थान पर बढ़ता जाये या उसके अंदर बड़ी-बड़ी गाँठें या कोशिकाएँ आती हो
3. बुखार
4. उदर में तेज दर्द या बढ़ने वाला दर्द हो
5. उल्टी और अतिसार
6. रक्तस्राव या जननेंद्रिय से तरल पदार्थ आना, जिससे बदबू आती हो
7. छाती में तेज दर्द अथवा साँस लेने में तकलीफ हो
8. पैर या स्तनों में दर्द, सूजन औरध्या लाल होना
9. दर्द, सूजन, लाली और ध्य कटान के स्थान पर रक्तस्राव (यदि किसी महिला को कटान या सीजेरियन ऑपरेशन हुआ हो)
10. मूत्र या मल जननेंद्रिय के मार्ग से निकलना (मल विसर्जन के समय)
11. मूत्र विसर्जन के समय दर्द होना
12. मसूड़ों, पलकों, जीभ या हथेलियों में पीलापन

साफ-सफाई

महिला को सलाह दें कि जननेंद्रिय में कोई वस्तु न डालें तथा मल निकलने के पश्चात मूलाधार को प्रतिदिन अच्छी तरह साफ करें। यदि पुरइन अधिक आ रही हो तो मूलाधार पैड को प्रति 4 से 6 घंटे के अंदर बदल देना चाहिए। यदि कपड़े के पैड का प्रयोग किया जाए तो पैड को पर्याप्त साबुन पानी से साफ करना चाहिए तथा धूप में सुखाया जाना चाहिए। उसको नियमित स्नान करने की सलाह दी जाए तथा बच्चे को हाथों में लेने से पहले साबुन से हाथ धो लिया जाए।

नवजात शिशु की देखभाल

नवजात शिशु की त्वचा का रंग गुलाबी होता है। खून में हिमोग्लोबिन की मात्रा 17 से 19 ग्रा. प्रति 100 मिलि. अर्थात् उच्च होती है। उसके लगातार सांस लेने की औसत गति 40 होती है, नाड़ी की गति 120 प्रति मिनट तथा रक्त चाप 75 से 100/70 होता है। हाथ पैर मुड़े हुए होते हैं, हाथ की मुट्ठी बँधी रहती है जो मुश्किल से ही खुलती है। उसकी चूसने की गति तेज होती है एवं पकड़ने की क्षमता भी होती है। तेज शोर सुनकर प्रतिवर्ती क्रिया होती है तथा अचानक आवाज सुनकर चौंकना, हाथों को ऊपर अथवा बाहर की ओर फैलाना, अँगलियों को खोलना आदि। मूत्र विसर्जन प्रथम 24 घण्टों में कम होता है लेकिन चौथे दिन तक बढ़कर 250 से 350 मिलि. तक होता है। नवजात शिशु के गुर्दे निष्कासन की दृष्टि से अक्षम (Poor Excretor) होते हैं तथा साँद्र करने की क्षमता कम होती है। जन्म के बाद आँतों में मेकोनियम, नवविष्ठा होता है जो गहरे हरे रंग का, नर्म चिपचिपा, गन्धहीन पदार्थ होता है। इसका संग्रह गर्भाशय में भ्रूण के विकास के समय, उल्व तरल के निगल जाने से भी होता है इसका विसर्जन 4-5 दिन तक होता है जिसके बाद उसका रंग पीला हो जाता है। अब यह निर्धारित गन्ध व बनावट का होता है। रोजाना त्वचा तथा फेफड़ों के जरिऐ 4 से 6 औंस तक वाष्पीकरण भी होता है।

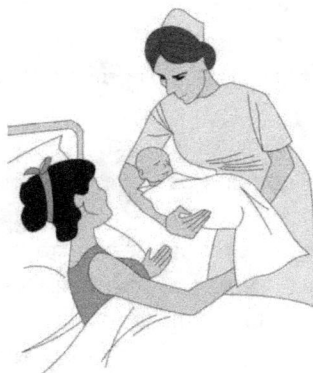

जन्म के बाद शिशु के शरीर का तापमान 36°C तक गिर सकता है अतः शिशु को गर्म रखना जरूरी है। नवजात शिशु लगभग 23 घण्टे तक सो लेता है तथा भूख व प्यास के लिए अथवा किसी कष्ट के कारण ही रोता है।

शिशु के आगमन की तैयारी

प्रत्येक दम्पत्ति को यदि वे एक स्वास्थ्य शिशु चाहते हों तो गर्भाधान से पूर्व ही कुछ सावधानियाँ बरतनी चाहिए।

1. गर्भाधान के पूर्व ही माता को यदि किसी तरह की बीमारी जैसे मधुमेह, रक्तचाप, मिर्गी या हृदयरोग इत्यादि हो तो उसे अपने चिकित्सक के साथ मिलकर इन बीमारियों का समुचित इलाज कराना चाहिए। हो सकता है कि दवाओं की खुराक में परिवर्तन करना पड़े या कुछ दवाईयाँ जो गर्भस्थ शिशु को नुकसान पहुँचा सकती है उन्हें बदलना पड़े जैसे सोडियम वेलप्रोएट नाम की दवा जो मिर्गी में दी जाती है गर्भस्थ शिशु में शारीरिक विकृति पैदा कर सकती है। जिन महिलाओं को गर्भधारण करने के पहले से ही यदि मधुमेह की शिकायत है, और गर्भधारण करने के पहले एवं गर्भावस्था के दौरान उनका ब्लड शुगर नियंत्रित नहीं रहता तो गर्भस्थ शिशु में जन्मजात विकृतियों की सम्भावना बहुत बढ़ जाती है। अतः यह आवश्यक है कि वे सही उपचार लेकर अपने ब्लड शुगर को नियंत्रित करें। इसी तरह यदि कोई छोटी सर्जरी या दाँतों का इलाज इत्यादि कराना हो गर्भधारण के पूर्व ही करा लेना उचित होगा।
2. रुबेला, खसरा हिपेटाइटिस बी, एवं टिटनेस इत्यादि बीमारियों से बचाव के टीके माता को सही समय पर लग चुके हैं इसकी पुष्टि कर लेना चाहिए। गर्भावस्था के प्रथम तीन महिनों में यदि माँ को रुबेला या खसरा हो जाए तो बच्चे में जन्मजात विकृतियाँ होने का खतरा रहता है। अतः यह आवश्यक है कि यदि ये टीके नहीं लगे हैं तो गर्भधारण के पूर्व ही महिला को ये टीके लगवा लेने चाहिए। इस बात का विशेष ध्यान रखना चाहिए कि रुबेला एवं खसरा के टीके लगाने के पश्चात तीन माह के भीतर गर्भ धारण नहीं होना चाहिए।

सफाई एवं सुरक्षा

शिशु की त्वचा बहुत कोमल होती है अतः उसको अधिक रगड़ना निषेध है। पूरे शरीर को गीली रूई से साफ किया जा सकता है आँख, कान, नाक, जीभ आदि को धीरे-धीरे गीली रूई से साफ करना ज्यादा उपयोगी है। टेल्कम पाउडर का उपयोग भी किया जाना ठीक है। हर बार मलमूत्र विसर्जन करने के बाद रूई से पोंछकर पाउडर अथवा मरहम लगाना चाहिए। त्वचा की परतों की ओर विशेष ध्यान देना चाहिये है जिससे उनमें पसीना, तेल, पाउडर, धूल आदि न जम सके।

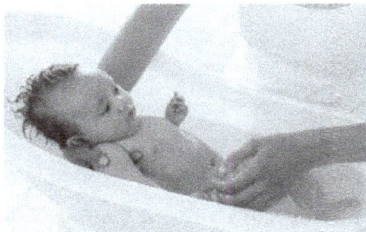

उपर्युक्त पदार्थों की उपस्थिति से संक्रमण आसानी से होना सम्भव है। नाक व कानों को तीली में रूई लपेट कर धीरे-धीरे साफ करना अच्छा होता है। जब तक नाभि का घाव नहीं सूखता उसको नहीं छेड़ना चाहिए।

बच्चों के लिए कृत्रिम आहार

बच्चे के लिए माँ का दूध अमृत की तरह है लेकिन कई कारणों से यदि उसको माँ का दूध नहीं मिल पाता है तो बच्चे को गाय, बकरी आदि के दूध पर आश्रित रहना पड़ता है।

माँ के दूध के अलावा बच्चे को जो दूध दिया जाता है उसको 'फार्मूला' कहते हैं। गाय का दूध शिशु के लिए उत्तम होता है। इन दोनों प्रकार के दूध में अन्तर इतना ही है कि भैंस के दूध में गाय के दूध की अपेक्षा 11/2 से 2 2/3 गुना ज्यादा चिकनाई (वसा) होती है। अतः इसके दूध से पेट में जो दही बन जाता है वह भारी होता है और शिशु के लिए उसको आसानी से पचाना मुश्किल होता है।

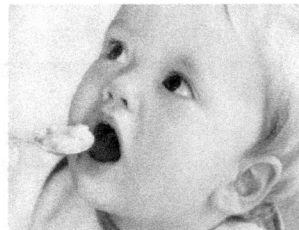

इसके अतिरिक्त दुग्ध चूर्ण भी शिशु को दिया जाता है जिसको उबलते तथा ठण्डे पानी में घोलकर दूध तैयार किया जा सकता है। यह पौष्टिकता में ताजे दूध के समान ही होता है। इन दुग्ध चूर्ण को गाय या भैंस के दूध से ही तैयार करते हैं। भैंस के दूध के अतिरिक्त चिकनाई (वसा) को निकाल दिया जाता है तथा गर्म रोलरों पर फुव्वारे के रूप में छोड़ा जाता है। इससे पाउडर बन जाता है।

हमारे देश के कुछ भागों में बकरी के दूध का उपयोग करने का रिवाज है। ऊंटनी का दूध भी अच्छा होता है। गधी का दूध चिकित्सा के काम आता है, लेकिन इसका संगठन माँ के दूध के समान ही होता है। गधी का दूध मीठा होता है।

दूध के 'फार्मूला' को तैयार करने में इस बात की सावधानी रखनी चाहिए कि इस फार्मूले से तैयार किए गए प्रति औंस दूध से 18-20 कैलोरी प्राप्त होनी चाहिए। बच्चे के शारीरिक वजन के प्रति पौण्ड के लिए रोजाना दो ओंस दूध दिया जाना जरूरी है। 24 घण्टों में बच्चे को शारीरिक वजन के हिसाब से ढाई औंस प्रति पौण्ड के हिसाब से कुल तरल पदार्थ मिलना चाहिए। बच्चा जन्म के बाद 6 माह तक हर महीने प्रत्येक आहार में अपनी उम्र से 2-3 औंस ज्यादा आहार लेगा जैसे बच्चा 2 माह का है तो वह 2+3 = 5 औंस दूध हर बार लेगा।

'फार्मूला' तैयार करना–यह दूध, दुग्ध चूर्ण, गाय अथवा भैंस के दूध से तैयार किया जाता है। उबलते हुए पानी में दुग्ध चुर्ण को घोलकर उसके साथ इच्छा के अनुसार चीनी मिलाई जाती है। दूध बहुत पतला बनाया जाए। गाय के दूध से तथा दुग्ध चूर्ण से बने दूध से बच्चे के पेट में दही-सा बन जाता है जो आसानी से हजम हो जाता है। यह दूध मीठा भी होता है। भैंस के दूध का दही देर से पचता है। दूध तैयार करने से पहले डिब्बे पर अंकित निर्देशों को पढ़ लेना चाहिए और साथ ही यह भी देख लेना चाहिए कि दूध का रंग कैसा है।

बच्चे का वजन यदि 10 पौंड है तो उसको 10 x 3 = 30 औंस तरल पदार्थ दिया जाना चाहिए अर्थात् 10 x 2 = 20 औंस दूध रोजाना मिलना चाहिए जिससे उसको 400 कैलारी ऊर्जा प्राप्त होता

रहे। 20 औंस दूध के साथ 10 औंस से अधिक पानी नहीं मिलना चाहिए तथा ½ औंस चीनी (150 कैलोरी) मिला सकते हैं। शिशु को रोजाना 550 कैलोरी मिलनी चाहिए।

बोतल की देखभाल—सफाई एवं सुविधा की दृष्टि से चौड़े मुँह की बोतल ठीक रहती है। बोतल तथा निपिल को साफ तथा निसंक्रमित करना बहुत जरूरी होता है। नाव के आकार की बोतलें ठीक नहीं होती क्योंकि इनमें दूध नापना और उपयोग के उपरान्त इनको साफ करना मुश्किल होता है। बोतलों को साफ करने के लिए उनको उबालना चाहिए। माता को चाहिए कि वह हमेशा अपने हाथ साफ रखें एवं शिशु का मुँह आदि पोंछने के लिए गन्दे कपड़े का उपयोग न करें।

पोषण सम्बन्धी आवश्यकता—जन्म के बाद शिशुओं का पोषण दो प्रकार से किया जाता है—

1. माँ का दूध या स्तनपान
2. ऊपर का दूध

1. **माँ का दूध या स्तनपान**—जन्म के बाद हर बाल के लिये माँ का दूध एक प्राकृतिक और उत्तम पोषण होता है। स्तनपान से कई लाभ हैं, उनमें से कुछ प्रमुख निम्नलिखित हैं—

   (क) पर्याप्त मात्रा में पोषक तत्त्व प्राप्त होता है। इससे शिशु के पेट की गंदगी साफ हो जाती है। पाचन शक्ति बढ़ती है एवं शिशु की रोग अवरोधी क्षमता में वृद्धि होती है।

   (ख) शिशु के लिए यह सुपाच्य आहार है।

   (ग) इससे संक्रमण की संभावना नहीं रहती है।

   (घ) स्तनपान से माँ तथा शिशु दोनों को ही मानसिक संतुष्टि प्राप्त होती है।

   (ङ) इससे शिशु में विटामिन 'बी' का निर्माण होता है।

स्तनपान कराते समय माँ को निम्नलिखित बातों का ध्यान रखना चाहिये—

1. स्तनपान कराने से पूर्व स्तनों को तथा हाथों को अच्छी तरह साफ कर लेना चाहिये जिससे शिशु को किसी प्रकार का संक्रमण न हो।
2. शिशु को स्तनपान शांत वातावरण में कराना चाहिये तथा माँ को स्वयं भी शांतचित रहना चाहिये।
3. दूध पिलाने से पूर्व माँ को स्वयं एक गिलास दूध या पानी पी लेना चाहिये इससे दुग्ध स्रवण अच्छी तरह से होता है।
4. शिशु को दूध दोनों स्तनों से बारी-बारी से पिलाना चाहिये।
5. दूध पिलाने के बाद भी यदि स्तनों में भारीपन हो तो हाथ से दबाकर दूध निकाल देना चाहिये।
6. दूध पिलाने के बाद स्तनों को पोंछकर साफ कर लेना चाहिये।

शिशु को दूध पिलाने का समय

दुग्धपान	प्रतिदिन छह बार	प्रतिदिन पाँच बार
पहला	6 बजे प्रातः	6 बजे प्रातः
दूसरा	8 बजे प्रातः	10 बजे प्रातः
तीसरा	12 बजे दोपहर	2 बजे दोपहर
चौथा	3 बजे सायं	6 बजे सायं
पाँचवा	6 बजे सायं	10 बजे रात्रि
छठा	9 बजे रात्रि	—

2. **ऊपर का दूध**—सामान्यतः ऊपर के दूध के रूप में गाय, भैंस, बकरी और डिब्बा बंद पाउडर दूध का प्रयोग किया जाता है। इन सभी दूधों में प्रोटीन की मात्रा माँ के दूध से अधिक होती है। भैंस के दूध में वसा की भी अधिकता होती है। अतः इनमें से किसी भी प्रकार के दूध को शिशु को पिलाने के लिए इन्हें विशेष रूप से तैयार करना पड़ता है। ऐसा करने से इन दूधों में विद्यमान पौष्टिक तत्त्वों का अनुपात माँ के दूध के समान हो जाता है।

माँ, गाय, बकरी एवं भैंस के दूध की रासायनिक संरचना

	कैलोरी	प्रोटीन	ग्राम में कार्बोज	वसा	खनिज लवण
माँ	67	1.0	7.0	3.9	0.1
गाय	65	3.3	4.8	3.6	0.7
भैंस	117	4.3	5.0	8.8	0.8
बकरी	84	3.7	4.7	5.7	0.8

शिशुओं के लिये ऊपरी आहार की तालिका

माह	भार	दूध (Ozs)	पानी (Ozs)	चीनी (Ozs)	फीड की संख्या
1	3.0	10	5	0.5	6
3	4.0	14	7	0.75	6
4-7	6	22	8	1.25	5
8-11	8	26	8	1.75	5
12	8.5	28	8	2	5

शिशु के ऊपरी दूध में समुचित मात्रा में पानी मिलाना पड़ता है क्योंकि गाय और भैंस के दूध में प्रोटीन की मात्रा माँ के दूध से अधिक होती है। भैंस के दूध में वसा की भी अधिकता होती है जो शिशु के लिए अपच का कारण बन सकती है। शिशु का ऊपरी दूध निम्नलिखित विधि से तैयार करना चाहिये—

1. दूध और पानी को अलग-अलग उबालना चाहिये।
2. दूध देने के समय जरूरत के अनुसार दूध, पानी और शक्कर मिलाकर गर्म करना चाहिये।
3. बोतल में दूध डालने से पहले छान लेना चाहिये जिससे मलाई निपिल में न फंसे।
4. बोतल में दूध डालने के बाद उसे बोतल कवर या तौलिये में लपेट कर रखना चाहिये जिससे दूध ठंडा न होने पाये।
5. दूध का स्वाद बढ़ाने के लिये उबालते समय उसमें सौंफ की पोटली डाल देनी चाहिये।
6. बोतल में कभी भी ठण्डा दूध न डालें।
7. शिशु की आयु में वृद्धि होने के साथ-ही-साथ दूध में पानी की मात्रा कम करते जायें और दूध की मात्रा बढ़ा दें।

गाय के दूध में प्रोटीन ज्यादा लेकिन लेक्टोज कम होते हैं। इस पर भी अधिक केसिन, कारण वह पाचनशील नहीं होता है। बच्चे के संवेगात्मक विकास में मदद करने के लिए दूध पिलाने से पहले उसको प्यार करना चाहिए। शिशु को अपनी भुजाओं में समेटकर फिर उसको बोतल से दूध पिलाना चाहिए क्योंकि इससे शिशु में प्रेम एवं सुरक्षा की भावना का विकास होता है। शिशु के शारीरिक वजन के अनुसार रोजाना 150 मिली. तरल पदार्थ प्रति किलो के हिसाब से देना चाहिए। 24 घण्टों में शिशु के प्रति किलो वजन के अनुसार, 110 कैलोरी देना आवश्यक है अर्थात् 100 मिली दूध द्वारा 70 कैलोरी दी जाती है। गाय के दूध पर पले शिशु के लिए 50 मिग्रा. विटामिन-सी देना चाहिए। विटामिन डी देना भी उपयोगी होता है शिशु को संतरे का रस भी दिया जाता है। लेक्टोज की मदद से कैल्शियम का अवशोषण पूरी तरह से हो जाता है एवं माँ के दूध में लेक्टोज की मात्रा ज्यादा होती है। गाय के दूध की जगह पर पूर्ण मलाई युक्त दुग्धाहार, कण्डेन्स्ड मिल्क, दूध का चूर्ण आदि भी दिया जा सकता है। शिशु की उम्र बढ़ने के साथ ही दूध की गाढ़ापन भी बढ़ाना चाहिए। हर चार घण्टे बाद शिशु को दूध पिलाना अच्छा होता है। कण्डेन्स्ड मिल्क का उपयोग कम से कम करना अच्छा रहता है क्योंकि उसमें शुक्रोज की मात्रा अधिक होती है जिससे पाचन विकार पैदा हो सकता है। इसमें कार्बोज अधिक एवं प्रोटीन कम होता है जिससे बच्चे की माँसपेशियों का विकास सन्तोषजनक नहीं हो पाता तथा बच्चा अनन्तुलित ढंग से मोटा **(Flabby)** हो जाता है।

बाहरी दूध पर पलने वाले बच्चे के आहार सेवन से अनेक समस्याएँ पैदा हो सकती हैं जैसे-आवश्यकता से कम अथवा अधिक दूध पिलाना, दूध पिलाने के बाद डकार न आना और उल्टी हो जाना आदि। सामान्य रूप से शिशु को उसकी आवश्यकता से अधिक दूध पिलाना असम्भव-सा है हाँ, आवश्यकता से कम दूध शिशु को दिया जाना आसान बात है। जरूरत से ज्यादा दूध पिलाने से वह चिड़चिड़ा हो जाता है, उल्टी करता है, उसका मल ढीला, हरा तथा दही जैसा होता है। कम दूध पिलाने पर शिशु रोता है, वजन भी कम रहता है, तथा गहरे पीले रंग का मल निष्कासित करता है। टेस्ट फीड (अर्थात् 24 घण्टे तक हर बार दूध पिलाने से पहले तथा बाद में बच्चे का वजन लिया जाता है–जिसका अन्तर दूध की मात्रा को सूचित करता है।

दूध पिलाने के बाद डकार दिलाना **(Burping)** बेहद जरूरी होता है। दूध पीते समय बच्चा हवा भी निगल जाता है जो आमाशय में जाकर इकट्ठी हो जाती है। यदि डकारों के जरिए यह हवा बाहर नहीं निकाली जाती है तो यह आँतों तक पहुँच कर उदर में असहनीय दर्द होता है। अतः दूध पिलाने के बाद शिशु को बैठाकर, पीठ पर धीरे-धीरे हाथ फेरना चाहिए। डकारों के साथ कुछ दूध भी निकल जाता है जिसे पोसेटिंग कहते हैं। यदि किसी समय शिशु दूध पीने से मना कर देता है तो समझना चाहिए कि वह अस्वस्थ है। संक्रामक रोग से पीड़ित होने पर, हृदय की बीमारी जैसे छेद की उपस्थिति के कारण वह कमजोरी महसूस करता एवं मुँह चलाने पर थक जाता है। ऐसी स्थिति में उसको नलिका या चम्मच के जरिऐ दूध पिलाना सही होता है।

सामान्यतः यह माना जाता है कि स्वस्थ माता के जरिए दसवें दिन तक 16 औंस (480 ml.) दूध का निर्माण होना चाहिए यदि किसी कारण यह नहीं हो पाता है तब शिशु का वजन घटने लगता है। स्तनों की ग्रन्थियों के कोप की कमी से भी दूध कम बन पाता है। किसी-किसी स्त्री के स्तनों से दूध देर से निकलता है। अधिक तरल पदार्थों के सेवन से दूध के निर्माण पर दुष्प्रभाव पड़ता है

क्योंकि तरल पदार्थों के सेवन का एण्टी डायूरेटिक हार्मोन तथा ऑक्सीटोसिन (Anti Diuretic and Oxytocin) का स्त्राव कम हो जाता है जिसका असर दूध के निर्माण पर पड़ता है। अतः दूध पिलाने वाली माँ को चाहिए कि वह प्यास के अनुसार ही तरल पदार्थों का उपयोग करें अधिक नहीं।

दूध पिलाने वाली माँ को जितना हो सके दवाईयों का प्रयोग नहीं करना चाहिए क्योंकि उनका प्रभाव दूध के जरिए शिशु तक पहुँच जाता है। पूर्ण भोजन की आवश्यकता तब पड़ती है जब माता का दूध शिशु का पोषण करने से अपर्याप्त सिद्ध होता है। सम्पूर्ण भोजन वह है जो माता के दूध को पूर्णतः स्थानान्तरित करता है।

2

स्तनपान

स्तनपान का सही तकनीक समझने के लिये प्रन्तुत जानकारी उपयोगी साबित होगी। छः महिने तक सिर्फ स्तनपान देने से शिशु की सेहत अच्छी रहती है और बीमारियाँ टलती है। स्तनपान एक बिल्कुल प्राकृतिक और सुरक्षित, ईश्वरीय उपहार है। कुछ परिवार प्राकृतिक दूध छोड़कर शिशु को पहले से गलत आहार देते है। प्रसव के बाद आधे घंटे में स268
तनपान शुरू करना चाहिये। छः महिने तक शिशु को और कोई उपरी आहार जरुरी नहीं है।

दूध वह पौष्टिक पदार्थ है, जो मानव शरीर के लिए न सिर्फ जरूरी है, बल्कि उसे बीमारी से भी बचाये रखता है। रोजाना शुद्ध दूध पीकर शरीर को संतुलित रखा जा सकता है। दूध मानव शरीर की तेजस्विता, हड्डियों की शक्ति, दाँतों की सुरक्षा, रक्तचाप व बजन सामान्य बनाए रखता है। माँ के दूध का विकल्प अब तक दुनिया की किसी भी प्रयोगशाला में तैयार नहीं हो सका है।

बढ़ते बच्चों, गर्भवती महिलाओं, दूध पिलाने वाली माताओं के आहार में यदि दूध शामिल है तो उनका संतुलित विकास संभव हो जाता है। दूध प्रकृति का एक ऐसा उपहार है, जो एक पौष्टिक उत्पाद है। इसमें कैल्शियम व प्रोटीन भरपूर मात्रा में होता है। शाकाहारी आहार में दूध बेहद महत्त्वपूर्ण है। प्रोटीन का यह एक बेहतरीन स्रोत है। माँ का दूध बच्चे का जन्मसिद्ध अधिकार है। हर माँ को 5 से 6 महीने की आयु तक बच्चे को सिर्फ अपना दूध ही पिलाना चाहिए। उसके बाद 2-3 साल की आयु तक या जब तक हो सके बच्चे को अपना दूध पिलाते रहना चाहिए। आधुनिक माताएँ अपने फिगर मेंटेन करने के चक्कर में बच्चों को स्तनपान नहीं करातीं। यह न सिर्फ बच्चे में कुपोषण को बढ़ाता है, बल्कि भविष्य में ऐसी माताओं के लिए स्तन कैंसर का खतरा भी बरकरार रहता है। बच्चों, गर्भवती महिलाओं, दूध पिलाने वाली माताओं के आहार में यदि दूध शामिल है तो उनका संतुलित विकास संभव हो जाता है।

दूध प्रकृति का एक ऐसा उपहार है, जो एक पौष्टिक उत्पाद है। इसमें कैल्शियम व प्रोटीन भरपूर मात्रा में होता है। शाकाहारी आहार में दूध बेहद महत्त्वपूर्ण है। प्रोटीन का यह एक बेहतरीन स्रोत है। बोतल से दूध न पिलाएँ कामकाजी माताएं और फिगर मेन्टेन करने के चक्कर में रहने वाली माताएँ अपने बच्चों को बोतल के दूध पर छोड़ देती हैं। बोतल का दूध बच्चे का सबसे बड़ा दुश्मन है। यदि माँ किसी कारणवश बच्चे को दूध नहीं पिला सकती, तो उसको चम्मच व कटोरी या सीपी का इस्तेमाल करना चाहिए न कि बोतल थमा देना चाहिए। माताएँ अकसर अपनी सुविधा के लिए भी बच्चों के मुँह में बोतल लगा देती हैं। ऐसे बच्चों का संतुलित विकास नहीं होता। इन बातों का ख्याल रखें 'माँ को कभी अपने बच्चों को ऊपर का दूध पिलाना पड़ जाए तो बिना पानी मिलाए गाय या भैंस का दूध उसे दें, क्योंकि दूध में अधिकांश हिस्सा पानी का होता है। उसमें बाहरी पानी नहीं

मिलाना चाहिए। दूध में थोड़ी-बहुत शक्कर डाली जा सकती है। कई माताओं को शिकायत होती है कि उसे पर्याप्त दूध नहीं होता। ऐसा माँ के अंदर हौसले की कमी, कम खुराक खाने और बच्चों को बोतल पर निर्भर करने की मानसिकता की वजह से होता है। आप अभी बोतल फेंक दें, हौसला रखें, अच्छी खुराक लें और बच्चे को प्यार से अपना दूध पिलाएँ। बच्चों को दूध दो-ढ़ाई घंटे के बाद ही पिलाना चाहिए। यदि बार-बार बच्चे को दूध पिलाने पर उसका न तो पेट सही ढ़ंग से भरेगा और न ही उसे संतुष्टि ही होगी। इसकी वजह से वह ठीक से सो भी नहीं सकेगा। छोटे बच्चे गैस निकालते रहते हैं। बच्चा जब दूध पीता है तो दूध के साथ गैस भी पेट में चली जाती है। कई माँ-बाप इसे बीमारी मानकर घबरा जाते हैं, लेकिन यह सामान्य बात है। डकार दिलवाकर भी गैस निकाली जा सकता है। छोटे बच्चे बार-बार जरा-जरा-सी टट्टी करते रहते हैं। माँ-बाप इसे दस्त समझ लेते हैं, लेकिन यह दस्त नहीं है। इसे चुरक-चुरक करना कहते हैं। बच्चे को जब बीमारी के दस्त लगेंगे तो बच्चा बीमार दिखाई देगा। उसका वजन कम हो जाएगा, सुस्त हो जाएगा और बुखार आदि हो सकता है। बच्चे अकसर थोड़ा-थोड़ा दूध निकालते रहते हैं। इससे भी घबराने की जरूरत नहीं है। यदि बच्चे का वजन सामान्य है या बढ़ रहा है तो चिंता करने की कोई बात नहीं है। बच्चों को 6 महीने से पहले दूध कभी नहीं छुड़ाना चाहिए। ठोस आहार 6 महीने के बाद ही शुरू करना चाहिए। शुरूआत पीने की चीजों से करें। जैसे दाल का पानी, चावल का पानी, मौसमी का जूस, संतरे का रस आदि। जैसे-जैसे बच्चे की आयु बढ़ती है, खाने की चीजें बढ़ा दें। उसके बाद उसे चावल, सूजी की खीर, आलू, दही, रोटी मैश कर के दें, ताकि पचने में आसानी हो। 6-7 महीने का बच्चा 3-4 घंटे के बाद ही खाता है। बच्चों को जबरदस्ती न खिलाएँ। नवजात बच्चे की माँ को भी पौष्टिक भोजन करना चाहिए। माँ के किसी भी खाने से बच्चे की पाचन शक्ति पर कोई असर नहीं होता है। हमारा शरीर कुदरत की देन है। माँ का दूध हमेशा साफ एवं शुद्ध होता है। माँ को खाने के बाद दाँतों पर अवश्य ब्रश करना चाहिए। इससे उसके दाँत कमजोर होने का खतरा नहीं रहता है।

स्तनपान के दिनों में खानपान

माँ का प्रथम दूध बच्चे का टीकाकरण होता है। स्तनपान की प्रक्रिया कई हार्मोनों से नियंत्रित होती है। इसमें सबसे महत्त्वपूर्ण है प्रोलेक्टिन व ऑक्सीटोसिन जो दूध के उत्पादन व स्त्राव के लिए जिम्मेदार होता है। इन हार्मोनस के सुचारु रूप से काम करने के लिए जरूरी है कि माँ सही भोजन व पोषण लें। इसके अलावा माँ का खुश रहना व क्रियाशीलता बनाए रखना भी जरूरी है। यह सब सम्मिलित रूप से हार्मोन को स्रावित करने में मदद करते हैं। माँ सभी भोज्य समूहों को आहार में शामिल करेगी तो बनने वाले दूध की मात्रा अधिक तथा गुणकारी होगी।

एक धात्री महिला में प्रतिदिन 600-800 मिलीलीटर दूध बनता है। इस समय में उसे 500-700 अधिक कैलोरी की आवश्यकता होती है। अनाज तथा दालें, जिसमें कार्बोहाइड्रेट, ऊर्जा तथा फाइबर अधिक मात्रा में उपस्थित

माँ के लिए भी है जरूरी स्तनपान

स्तनपान न सिर्फ शिशु के लिए बल्कि माँ के लिए भी लाभकारी है। स्तनपान कराने से प्रसव पश्चात पीड़ा कम होती है। नई माताओं द्वारा स्तनपान कराने से उन्हें गर्भावस्था के बाद होने वाली परेशानियाँ कम होती हैं। इससे माताओं का तनाव भी कम होता है। माँ एनीमिया से भी सुरक्षित रहती है। स्तनपान एक प्राकृतिक गर्भनिरोधक के रूप में काम करता है। यह दूसरे गर्भधारण को रोकता है। स्तनपान कराने वाली माँ को स्तन कैंसर व गर्भाशय के कैंसर की संभावना कम होती है।

रहते हैं, ऊर्जा का सबसे अच्छा साधन हैं। अनाज तथा दालों को 4-5 बार लेना स्तनपान के दौरान आवश्यक है। जब बच्चा ऊपरी आहार लेने लगे तब अनाज की मात्रा को कम किया जा सकता है। विभिन्न फल व सब्जियाँ दिन में 3-4 बार लेना चाहिए। इनसे मिलने वाले विटामिन व खनिज, सूक्ष्म पोषक तत्त्व दूध के उत्पादन को बढ़ाते हैं। यह शिशु में रोग प्रतिरोधक क्षमता का विकास करते हैं व माँ के लिए दस्तावर का काम करते हैं। हरी पालक, मेथी आदि हरी पत्तेदार सब्जियाँ व अनार, चुकंदर लौह तत्व से भरपूर होते हैं। स्तनपान के दौरान सबसे अधिक जरूरी माँ का भोज्य पदार्थ हैं।

स्तनपान के लाभ

माँ के दूध में रोग प्रतिकार क्षमता होती है इसके कारण शिशु को संक्रमण से सुरक्षा मिलती है। इस दूध में प्रोटीन, वसा, शक्कर, क्षार, जीवनसत्व और पानी सही तागद में होते है। अन्य कोई आहार इसके बराबर नहीं। माँ का दूध शरीर के तापमान से मेल रखता है। माँ का दूध ताजा और शुद्ध होता है और कभी भी उपलब्ध होता है।

स्तनपान से माँ और शिशु में प्रेमसंबंध बनते है। शिशु इसके कारण सुरक्षा और आनंद अनुभव करता है। इसके विपरीत स्तनपानसे वंचित बच्चा असुरक्षा और मायूसी अनुभव कर सकता है। स्तनपान से माँ को अनेक लाभ होते है।

शरीर की वसा और वजन सही स्तर पर रहता है। स्तनपान से सेहत सुधारने के लिये अवकाश मिलता है, और शिशु के स्वस्थ रहने से माँ को परेशानी नहीं होती है।

माँ का दूध ही है सर्वोत्तम आहार

माँ के दूध की गुणवत्ता एक निर्विवाद सत्य है। प्राणीजगत को दिया गया यह सर्वोत्तम उपहार है। माता के दूध के अलावा दूसरे सभी आहार शिशु के स्वास्थ के लिहाज से दोयम दर्जे के माने गए हैं। स्तनपान को लेकर आधुनिक युग में भी कई भ्रांतियाँ हैं। कई परिवारों में इन्हीं भ्रांतियों की ज्यादती नवजात शिशु को भुगतना पड़ता है। प्रसूता को गरिष्ठ खाद्य पदार्थ तो दिए जाते हैं लेकिन दही या चटनियों जैसी प्राथमिक औषधियों से वंचित रखा जाता है। तर्क यह है कि खट्टी चीजों से नवजात शिशु को नुकसान होगा।

दरअसल प्रजनन, प्रसव के बाद माता और नवजात शिशु की देखभाल की विस्तृत जानकारी देने की शुरुआत कन्याशालाओं से की जानी चाहिए। पाठ्यक्रम की पुस्तकों के अलावा भावी माताओं को अपने शरीर की सभी प्रक्रियाओं की जानकारी होनी चाहिए। शिशु के स्तनपान से लेकर उसकी साफ-सफाई करने तक की छोटी से छोटी जानकारी लड़कियों को होना चाहिए। समाजशास्त्रियों का मानना है कि एक पढ़ी-लिखी माँ पूरे परिवार के स्वास्थ की रक्षा कर सकती है, लेकिन ऐसा हो नहीं रहा है।

केवल ग्रामीण समाज में ही भ्रांतियाँ हों ऐसा नहीं है। शहर की नवआधुनिक माताएँ भी फिगर खराब होने के झूठे डर से अपने शिशुओं को स्तनपान जैसे अनमोल उपहार से वंचित रखती हैं। ग्रामीण समाज की महिलाएँ अज्ञानतावश कुछ अर्से के लिए शिशु को स्तनपान से वंचित रखती हैं तो आधुनिक उच्चवर्ग की महिलाएँ कुछ दूसरी तरह की भ्रांतियों के कारण स्तनपान नहीं करातीं।

स्तनपान की तकनीक (Techniques of Breastfeeding)

1. जच्चा को प्रत्येक आधे घंटे में छाती से लगाना चाहिये। इससे माँ के शरीर में दूधजनक प्रक्रिया उत्तेजित होती है।
2. कुछ परिवारों में 2-3 दिनों तक स्तनपान रोका जाता है। यह बिलकुल शास्त्र के विपरीत है। इससे दुग्ध प्रक्रिया सदा के लिये रुक सकती है। माँ घर में हो तब शिशु जब उसे माँगे तब स्तनपान देना उचित है। लेकिन माँ को कोई कामकाज हो तो समय का उचित नियोजन जरुरी है।
3. स्तनपान करते समय शिशु को गोद में रखकर गर्दन और सिर को आधार देना जरुरी है।
4. वैसे बगल में सोते हुए भी शिशु को स्तनपान कर सकते है।
5. शिशु को स्तन का चुचुक मुँह में पूर्णतया पकड़ने दे।
6. आराम और शांति के साथ स्तनपान करना चाहिये।
7. हर दस मिनट में शिशु को वक्ष बदलकर दूध पिलाना ठीक होता है।
8. कुछ घंटे स्तनपान न कराया जाये तो स्तन दूध से भर आते है। ऐसे समय हाथ से स्तन दबाकर दूध निकाल देना चाहिये। यह दूध ढ़ककर 1-2 घंटों में इस्तेमाल कर सकते है। किसी भी हालत में 24 घंटों से ज्यादा स्तन भरने ना दे, इससे संक्रमण और पीप हो सकता है।

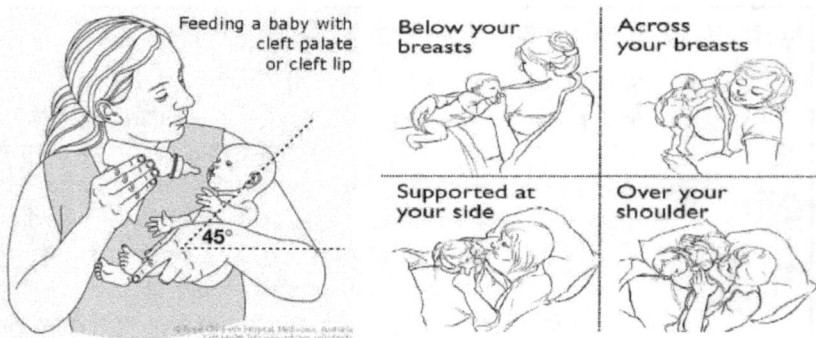

Feeding a baby with
cleft palate
or cleft lip
45°

Below your breasts
Across your breasts
Supported at your side
Over your shoulder

कुछ मुश्किल निर्णय

अगर आपको 8-10 घंटे नौकरी या कोई अन्य कामकाज हो तो ऐसे में स्तनपान कराना चूक जाता है। ऐसे समय उपरी दूध को सही मात्रा में तैयार रखना जरुरी है। एकेक समय का दूध अलग-अलग बोतल में रखे। वैसे बोतल के बजाय चम्मच का प्रयोग सही होता है। बोतल से शिशु के पेटमें गैरजरुरी हवा और जिवाणु प्रविष्ट होते है। इसीलिये बोतल के कारण बच्चे अकसर बीमार हो जाते है।

स्तनपान सम्बन्धी सलाह का सही ढंग से अनुसरण करने से दूध छूटने का डर नहीं होता। मगर ऐसी कोई समस्या हो तो अपने डॉक्टर से मिले। शतावरी कल्प इसमें उपयोगी हो सकता है।

स्तन परीक्षण

अपने आप स्तन परीक्षण करने के पाँच चरण है।

चरण 1–कन्धों को सीधा करके और बाहों को नितम्बों पर रखते हुए अपने स्तनों को शीशे में देखना शुरू करें। आपको देखना है–(1) स्तन अपने सामान्य आकार, माप और रंग के हैं। (2) उनका आकार बराबर है–कहीं कोई विकास अथवा सूजन दिखाई न दे। यदि आपको निम्नलिखित कोई भी बदलाव नजर आये तो एकदम डॉक्टर को बतायें। (1) त्वचा में कहीं गड्ढे हो रहे हैं, सिकुड़न या फैलाव आ रहा है (2) निप्पल की जगह बदल गई है या अन्दर की ओर धँस गया है (बाहर की ओर उभरे रहने की अपेक्षा) (3) लालिमा, कड़ापन, रैश या सूजन।

चरण 2–अब अपनी बाँह को ऊपर उठाकर उन्हीं बदलावों को पुनः देखें।

चरण 3–शीशे मे देखते-देखते निप्पल को अँगुली और अँगुठे के बीच दबायें और निप्पल से होने वाले स्राव को परखें (वह दूध जैसा तरल पदार्थ या रक्त हो सकता है)

चरण 4–अगले चरण में, आप लेटकर अपने स्तनों को महसूस करें, बायें अपने को जाँचने के लिए बाँये का और दायें स्तन को जाँचने के लिए बाँये हाथ को इस्तेमाल करें। हाथ की पहली कुछ अँगुलियों को सीधा रखकर और मिलाकर दृढ़ परन्तु कोमल स्पर्श का प्रयोग करें।

चरण 5–अन्ततः खड़े होकर या बैठकर अपने स्तनों को जाँचें। चौथे चरण में बताई गई प्रक्रिया से पूरे स्तन को भली-भांति जाँचे।

स्तनों का संक्रमण (Infection in Breasts)

प्रसव के तीसरे दिन स्तनों के पास रक्त का प्रवाह बढ़ जाता है एवं दूग्ध निर्माण की प्रक्रिया तेजी से बढ़ने लगती है। अगर शिशु स्तनपान करके उन्हें खाली नहीं करता है तो वे नलिकाएँ बहुत अधिक फूल जाती हैं जिसके फलस्वरूप स्तनों में पीड़ा होने लगती है और उनमें सूजन आ जाती है तथा गाँठें पड़ जाती हैं। स्तन इस अवस्था में कठोर हो जाते हैं और पीड़ा के कारण माता को निद्रा नहीं आती है। इस स्थिति में Staphylo Coccus Aureus नामक जीवाणुओं से संक्रमण होने का डर रहता है। अगर शिशु की त्वचा पर कोई घाव हो तो उससे संक्रमण का भय रहता है अन्यथा शिशु की नाभि से भी संक्रमण का डर रहता है।

स्तनों पर घाव हो जाने से पीड़ा होती है इससे ज्वर 105^{0}F बढ़ जाता है। ऐसी स्थिति में शिशु को दूग्धपान नहीं कराना चाहिए। स्तनों में भरे हुए दूध को धीरे-धीरे हाथ से या मशीन की मदद से निकाल देना चाहिए। इस स्थित में दूध भी संक्रमित हो जाता है तथा उसका दही अथवा थक्का-सा जम जाता है। सड़े हुए दूध में जीवाणु तीव्र गति से वृद्धि करते हैं। इस अवस्था में ज्वर, कंपन, सिरदर्द, तीव्र पीड़ा तो होती ही है चूचुकों से पीव एवं रक्त का स्राव होने की सम्भावना होती है। इसके उपचार के लिए पेनिसिलिन नामक प्रतिरक्षक का सेवन करना चाहिए।

स्तनों का फटना कई कारणों से सम्भव है। जैसे शिशु के तीव्र गति से दुग्धपान करने से तथा अत्यधिक दूध से भर जाने के कारण चुचुकों के ऊपर के उपकला तन्तुओं में छेद (Fissures) होकर यह संक्रमित हो जाते हैं। यह स्थिति बहुत कष्टदायक होती है। इस स्थिति में पीड़ा अधिक होता है। चुचुकों के आवरण के प्रयोग से फटे हुए भाग की रक्षा की जा सकती है।

कुछ स्त्रियों की त्वचा पतली होती है। कभी-कभी इन स्त्रियों में चुचुकों पर से उपकला तन्तु हट जाते हैं जिससे कच्ची त्वचा निकल आती है और बहुत जल्दी संक्रमित हो सकती है। इस स्थिति

में स्तनपान कराते समय बहुत अधिक पीड़ा होती है एवं बच्चे के द्वारा चूसे जाते समय घाव का रक्त भी उसके मुँह में चला जाता है। प्रतिफल के रूप में शिशु उल्टी द्वारा उसको बाहर निकाल देता है। ऐसी स्थिति में चूचुकों पर लिक्विड पैराफ्रिन में फ्लेविन मिलाकर लगाना अच्छा होता है। जब तक घाव ठीक नहीं हो जाते माँ को स्तनपान नहीं कराना चाहिए।

धँसे हुए चूचुकों के लिए स्त्री को गर्भावस्था के अन्तिम तीन माह से ही उपचार करवाना चाहिए। उपचार न करवाने पर प्रसव के बाद शिशु को दुग्ध पान में कठिनाई होती है। शिशु अपने मसूड़ों से त्वचा को घायल भी कर देता है। इस स्थिति में दिन में काँच का आवरण पहनना चाहिए। स्प्रिट द्वारा उसकी मालिश करना भी उपयोग होता है।

स्तन सम्बन्धी समस्याएँ (Breast related Problems)

स्तनों में लम्प होने के कारण

स्तनों में लम्प हो जाने के अनेक कारण हैं। इनमें से कुछ कारण तो हानि रहित होते हैं जबकि अन्य कुछ दर्दभरे अथवा खतरनाक भी हो सकते हैं। इसमें संक्रमण, चोट, कैंसरविहीन फोड़ा या कैंसर भी शामिल है।

स्तन में कैंसरविहीन फोड़े के कारण

स्तन में कैंसरविहीन फोड़े में (1) फाइब्राडिनोमा (2) स्तन काइसटिस (3) फाइब्रोकाइसटिक रोग शामिल हैं।

किशोरियों को स्तन का कैंसर

हाँ, पर जो भी हो किशोरावस्था में यह बहुत ही कम पाया जाता है। दूसरी ओर हम कह सकते हैं कि जीवन में किसी भी समय स्तनों में लम्प हो सकते हैं।

किशोरावस्था में स्तनों में लम्प हो जाने के सामान्य कारण

किशोरावस्था में आमतौर पर होने वाले स्तन लम्प निम्नलिखित हैं–(1) काइसटिसः प्रायः माहवारी से एक दम पहले ये काइसटिस बड़े हो जाते हैं, नरम बन जाते हैं और दर्द करते हैं, हो सकता है कि वे एक ही रात में दिखने लगे (2) फाइब्रोडिनोमास- ये भरे हुए, मुलायम एवं दृढ़ सुसाध्य लम्प जो कि किशोरावस्था के अन्त में या आरम्भ में सामान्यतः होते हैं। ये दूसरे प्रकार के अति सामान्य लम्प हैं जो महिलाओं को होते हैं और किसी भी आयु में हो सकते हैं।

स्तनपान न कराने वाली औरतों में स्तन पीड़ा का अति सामान्य कारण

फाइब्रोकाइसटिक स्तनरोग स्तनपान न कराने वाली औरतों में स्तन पीड़ा का अति सामान्य कारण है। यह सुसाध्य स्थिति है जिसे स्तन का कैंसर मान बैठने की भूल नहीं करनी चाहिए।

महिलाओं में फाइब्रोकाइसटिक स्तन

फाइब्रोकाइसटिक स्तन की स्थिति सामान्यतः 30 वर्ष या उसके अधिक आयु की औरतों को प्रभावित करती है।

स्तन कैंसर की आशंका

आशंका वह है जब रोग लगने की सम्भावनाओं में वृद्धि होती है। अध्ययन के परिणामस्वरूप स्तन कैंसर की सम्भावना निम्नलिखित स्थितियों में बताई गई है।

1. स्तन का कैंसर बड़ी उम्र की औरतों को आमतौर पर होता है, 60 से ऊपर सम्भावना और भी बढ़ जाती है।
2. जिस महिला के एक स्तन में कैंसर हो, उसके दूसरे स्तन में भी होने की सम्भावना बढ़ जाती है।
3. यदि माँ, बहन या बेटी को स्तन का कैंसर हो तो महिला को खतरा अधिक रहता है।
4. जिन औरतों का माहवारी चक्र 12 वर्ष की आयु से पहले शुरू हुआ हो उनको भी बड़ा खतरा रहता है।
5. जिन औरतों की कभी सन्तान न हुई हो।
6. जिन औरतों ने जीवनभर कभी कामकाज न किया हो।
7. बहुत अधिक वजन वाली और अतिगरिष्ठ भोजन करने वाली औरतों को खतरा रहता है।

स्तनपान के दौरान स्तनों में लम्प क्यों बन जाते हैं और उनसे कैसे निपटना चाहिए?

स्तनपान के दौरान स्तनों में लम्प होना सामान्य बात है जो कि किसी छिद्र के बन्द होने से बन जाता है। दूध पिलाने (गर्म पानी से स्नान या सेक) सेक और स्तनों की मालिश करें छाती से निप्पल की ओर गोल गोल कोमलता से अपनी अँगुली के पोरों से करें या पम्प द्वारा निकाल दें। बन्द छिद्र या नली को खोल लेना महत्त्वपूर्ण है नहीं तो स्तनों में संक्रमण हो सकता है। यदि इस सबसे लम्प निकले या आपको फ्लू के लक्षण दिखाई दें तो डॉक्टर को बुलायें।

लम्प की उपस्थिति को जल्द से जल्द जानने के लिए कदम

उसके लिए जरूरी है कि (1) महिला नियमित रूप से स्वयं स्तनों का परीक्षण करती रहें (2) मैमोग्राम करायें।

संक्रमण के कारण स्तन का लम्प होना

स्तनपान कराने वाली महिलाओं में स्तन का इन्फैक्शन हो जाना विशेषकर सामान्य है। जब निप्पल की त्वचा में घाव हो जाता है या जैसा कि दूध पिलाने से हो जाता है तब उस घाव में बैक्टीरिया प्रवेश कर जाते हैं जिसके परिणामस्वरूप मवाद बन जाता है। (पास की गहरी थैली) या ऊपर की त्वचा में इन्फैक्शन होने से उसमें लालिमा आ जाती है।

माहवारी के दौरान स्तनों में बदलाव

माहवारी से तुरन्त पहले औरतें अपने स्तनों में क्रमिक बदलाव महसूस करती है जैसे कि सूजन दर्द, ढीलापन आदि। यह प्राकृतिक है और इस्ट्रोजन एवं प्रोजेस्टीरोन नामक हॉरमोन्स के प्रभाव से होता है।

प्रसवोपरान्त स्तन में संक्रमण

जब निप्पल में कीटाणु आ जाते हैं और किसी दरार से या स्तनपान के दौरान अन्दर चले जाते हैं तो उसे प्रसोवोपरान्त स्तन इन्फैक्शन कहते हैं।

प्रसवोपरान्त स्तन संक्रमण के लक्षण

इसके स्तनों में सूजन और पीड़ा होती है, ऊपर की त्वचा में लालिमा आ जाती है, साथ में बुखार आ भी सकता है और नहीं भी आ सकता।

प्रसवोपरान्त स्तन संक्रमण से बचने के उपाय

स्तनपान कराते रहें और एन्टीबॉयटिक के लिए डॉक्टर से सलाह लें।

यदि इलाज तुरन्त न कराया जाए तो स्तनों में मवाद बन सकती है।

स्तनों की ऐंठन से कैसे बचा जा सकता है?

स्तनों की ऐंठन से बचने के लिए स्तनपान के अन्तराल को कम करना पड़ेगा जैसे कि डेढ़ या दो घन्टे के बाद शिशु के स्तनपान कराते रहें जब तक कि ऐंठन घटने न लग जाए।

निप्पल में दर्द

जब आप पहले पहल स्तनपान कराना सीखती है तब उन्हें किस तरह शिशु के मुँह में रखा जाए इसमें गलती होने के कारण निप्पल दुखने लगते हैं।

बच्चे के होंठों को सही ढंग से निप्पल के बीचों बीच रखें जहाँ से दूध निकलता है, न कि उसके टिप पर रखें जहाँ कि बहुत-सी नसें समाप्त होती है–इस प्रकार दुखने से बच सकती हैं।

स्तनपानः भ्रांति और तथ्य (Breastfeeding : Illusions and Facts)

माँ का दूध अमृत के तुल्य है, क्योंकि उसमें सभी अमीनो एसिड उपलब्ध होते हैं, जो शिशु के मानसिक एवं शारीरिक विकास के लिए जरूरी हैं। माँ के दूध में सभी पोषक तत्व सरल रूप से उपस्थित होते हैं, जो शिशु के शरीर में पूर्ण रूप से अवशोषित हो जाते हैं। शिशु को जन्म से छः महीने तक सिर्फ माँ का दूध ही दें। बच्चे को दूध पिलाने वाली माता का आहार पौष्टिक होना चाहिए। उसमें किसी किस्म की रोकटोक नहीं लगाना चाहिए। कई परिवारों में सद्यः प्रसूता को केला खाने से रोका जाता है। वजह यह बताई जाती है केला खाने से बच्चे को जुकाम हो जाता है। इस तरह की कई भ्रांतियाँ हैं, जिन्हें दूर कर नवजात शिशु को भरपेट स्तनपान कराया जा सकता है। यहीं से शिशु के स्वस्थ जीवन का आधार रखा जा सकता है। जन्म लेते ही शिशु स्तनपान प्रारंभ कर देता है। गर्भवती महिला को गर्भ के अंतिम महीनों से ही आहार में अधिक कैलोरी, प्रोटीन और वसा बढ़ा देना चाहिए। इससे माता के शरीर में दूध उचित मात्रा में बनता है। नवजात शिशु के समुचित विकास के लिए माता का दूध सर्वोत्तम आहार है। माँ के आहार में सभी प्रोटीन आवश्यक मात्रा में होना चाहिए। स्तनपान कराने वाली स्त्री की अतिरिक्त पोषक तत्वों की जरूरत को पूरा करने के लिए आहार में दूध, फल, अंकुरित अनाज, हरी-सब्जियाँ, पनीर आदि सभी खाद्य पदार्थों को अपने आहार में शामिल करना चाहिए। विशेष रूप से पानी का सेवन अधिक मात्रा में करें, तभी दूध का स्राव पर्याप्त मात्रा में होगा।

क्या स्तनों से स्राव होना प्राकृतिक है?

यदि स्राव में रक्त या मवाद के जैसा हो तो वह संक्रमण या ट्यूमर के होने जैसी गम्भीर स्थिति का सूचक होता है। इसके लिए डॉक्टर से परामर्श लेना आवश्यक है।

महिला को पूरी तरह विश्वास कैसे होगा कि उसे लम्प कैंसर नहीं है?

पक्के विश्वास का बस एक ही तरीका है कोशिका के सैम्पल (बायोप्सी) का टेस्ट करायें। बायोप्सी करने के भी कई ढ़ंग हैं। कई बार, एक महीन सुई से किया जाता है (एफ एच ए)। एफ एच ए रक्त

की जाँच जैसा होता है कि जिसमें एक सुई को चुभाकर रक्त बाहर निकाला जाता है। लम्प की सही जगह का निर्धारण करने के लिए या तो लम्प को महसूस करना होता है, अगर वह महसूस न हो पाये तो अल्ट्रासाउण्ड या मैमोग्राम करते हुए एफ एल ए किया जाता है।

मैमोग्राम क्या होता है?

मैमोग्राम एक रेडियो डॉयग्नोस्टिक विधि है जिसमें महसूस किए जाने से भी पहले स्तन के लम्प को देखा जा सकता है।

क्या अलग-अलग आकार के स्तनों का होना सामान्य माना जाएगा?

अलग-अलग माप के स्तनों का होना अत्यन्त सामान्य है। यौवनारम्भ में जब स्तनों का विकास होता है तो लड़कियों के स्तनों और निप्पलों का माप अलग-अलग होना सामान्य बात है। हर कोई अलग होता है, किन्हीं दो महिलाओं के स्तन एक जैसे नहीं दिख सकते। वस्तुतः मानवों में विषमता एक सामान्य बात है, जैसा कि उनके हाथ-पैर आदि शारीरिक अंग अपने साथी से अलग आकार और माप के होते हैं। उन्हें एक माप का बनाने के लिए सहायक ब्रा या अन्य विशिष्ट सामग्री की मदद से उन्हें एक जैसा बनाया जा सकता है।

यदि किसी के स्तन छोटे हों तो उसे क्या करना चाहिए?

स्तन के माप का निर्धारण चर्बी की मात्रा से होता है अतः इन्हें बड़ा करने का एक साधन तो यही है कि अपना वजन बढ़ा लें। प्रोटीन बहुल भोजन जैसे कि दालें- सोयाबीन, राजमा आदि। अण्डे, दूध मांसाहार और चपाती, ब्राउन ब्रेड, चावल, मेवे आदि स्वास्थ्यवर्धक कार्बोहाइड्रेडस को अधिक मात्रा में लेने से बढ़ सकता है। व्यायाम करने से ये देखने में बड़े लगने लगते हैं, चर्बी नहीं बढ़ती, स्तनों के नीचे मांसपेशियाँ बड़ी हो जाती हैं।

कितनी बार शिशु को स्तनपान कराना चाहिए?

दिन के समय दोनों स्तनों से कम से कम 10-15 मिनट तक हर दो या ती घन्टे के बाद स्तनपान कराना चाहिए। दिन में हो सकता है कि आपको बच्चे को जगाना पड़े (डॉयपर बदलने या बच्चे को सीधा करने अथवा उससे बातें करने से बच्चे को जगाने में मदद मिलती है) ताकि आपकी रातें आराम से गुजरें। जब बच्चे की पोषण परक जरूरतें दिन के समय ठीक से पूरी हो जाती हैं तो फिर वह रात को बार-बार नहीं जगता। कभी-कभी ऐसा भी होता है कि आपके स्तन रात को भर जाते हैं और शिशु सो रहा होता है, आप चाहते हैं कि उसे जगाकर दूध पिला दें। जैसे-जैसे बच्चा बड़ा होता है, दूध पिलाने की अवधि बढ़ती जाती है।

स्तनपान कराने में सक्षम बनाएगी जड़ी-बूटी

अपने नौनिहालों को पर्याप्त मात्रा में स्तनपान नहीं करा सकने की समस्या से जूझ रही माताओं के लिए मंगोलयाड टोटो जनजाति की महिलाओं द्वारा अपना दूध बढ़ाने के लिए इस्तेमाल की जाने वाली एक जड़ी बूटी ने उम्मीद की एक नई किरण जगा दी है। एएसआई के वैज्ञानिक अमिताभ सरकार ने समीरा दासगुप्ता के साथ इस पौधे का पता लगाया। सरकार ने बताया कि इस जड़ी बूटी को स्थानीय लोग माइरूंना के नाम से जानते हैं। टोटो महिलाएँ सदियों से इसका

इस्तेमाल कर रही हैं लेकिन बाहरी दुनिया को इस बारे में कोई जानकारी नहीं है। समीरा ने शोध के दौरान पाया कि लतमान के पौधे की पत्तियों को चार पाँच दिन तक उबाल कर या तलकर खाने के बाद माँ अपने बच्चे को अच्छी तरह से स्तनपान कराने में सक्षम हो जाती है।

गौरतलब है कि इस जनजाति की महिलाओं को बच्चों को जन्म देने के बाद आनुवांशिक वजह के चलते दूध की कमी की सामना करना पड़ता है। मंगोलयाड लोग पूर्वी और पूर्वोत्तर भारत के उप हिमालयी इलाके में रहते हैं। सरकार ने बताया कि स्तन में दूध की कमी के चलते नौनिहाल कुपोषण के शिकार हो जाते हैं। गाँव की जनजातीय महिलाओं द्वारा इस्तेमाल किए जाने वाले औषधीय पौधों के सर्वेक्षण के दौरान यह खोज की गई।

3

शिशु में होने वाले रोग व उपचार

जन्म के समय शिशु एक असह्य प्राणी होता है। इस समय वह गर्भाशय के आंतरिक वातावरण से निकलकर बाह्य वातावरण में प्रवेश करता है, जहाँ वातावरण की विभिन्न वस्तुयें प्रत्यक्ष और परोक्ष रूप से उसके स्वास्थ्य को प्रभावित करती हैं। अगर शिशु की समुचित देखभाल की जाती है तो वह वातावरणीय तत्त्वों के कुप्रभाव से बचा रहता है। उसकी देखभाल में थोड़ी भी लापरवाही बरती जाती है तो वह बीमार हो जाता है। इससे उसका विकास प्रभावित होता है। इसलिए शिशु स्वास्थ्य के प्रति लापरवाही नहीं बरतनी चाहिये। रोग चाहे सामान्य हो अथवा तीव्र उसके प्रारम्भिक लक्षण के प्रकट होते ही तुरन्त उसके निदान का प्रयत्न करना चाहिये।

रोगों के आरंभिक लक्षण (Starting Symptoms of Diseases)

1. भूख कम हो जाना
2. शौच में अनियमितता
3. व्यवहार में परिवर्तन
4. शरीर के तापमान में परिवर्तन
5. क्रियाशीलता में परिवर्तन
6. त्वचा में परिवर्तन
7. चेहरे में परिवर्तन
8. भार में परिवर्तन
9. निद्रा में परिवर्तन
10. आवाज में परिवर्तन
11. बैचैनी
12. माँ के समीप्य को अधिक चाहना।

शिशुओं में होने वाले सामान्य रोगों का वर्गीकरण

1. पाचन सम्बन्धी रोग–इसमें डायरिया, पेचिस, कब्ज, पेट में गैस, दूध पलटना, वमन तथा पेट में कीड़े होना आदि रोग आते हैं।

2. श्वास सम्बन्धी रोग–इसमें जुकाम, खाँसी, निमोनिया, ब्रोंकाइटिस, दमा, काली खाँसी, डिफ्थीरिया आदि रोग आते हैं।

3. त्वचा के रोग–इसमें फोड़े-फुन्सी, एलर्जी, दाद, खाज आदि रोग आते हैं।

4. कुपोषण जनित रोग–इसमें क्वाशरकोर, मरस्मस, रतौंधी, बेरी-बेरी, स्कर्वी, रिकेट्स, घेंघा, एनीमिया आदि आते हैं।

5. नेत्ररोग–इसमें आँख का दुखना, आँखें लाल होना, खुजली, जलन और आँख से पानी आना आदि आते हैं।

6. कान के रोग–इसमें कान में दर्द और कान का बहना आदि आता है।

दस्त (Diarrhea)

अतिसार बच्चों में होने वाला एक सामान्य रोग है। वैसे तो हर उम्र का बालक और वयस्क इससे पीड़ित हो सकते हैं लेकिन शिशुओं में यह रोग अधिक पाया जाता है। विशेष रूप से उन बच्चों को जो ऊपर के दूध लेते हैं।

अतिसार दो तरह के होते हैं–(1) असंक्रामक और (2) संक्रामक।

सामान्य रूप से दस्त एक सामान्य रोग है लेकिन यदि उदर में ऐंठन हो, वजन शीघ्रता से घट रहा हो तो उपचार की जरूरत होती है। कृत्रिम दूध पर निर्भर रहने वाले शिशु में इस रोग का पाया जाना एक सामान्य बात है क्योंकि कृत्रिम दूध का संगठन माता के दूध के संगठन से हमेशा भिन्न होता है। कृत्रिम दूध में लेक्टोज या शुक्रोज की मात्रा अधिक होने के कारण तथा बोतल (दूध पिलाने की) की सफाई या सुरक्षा में कमी आने पर संक्रमण हो जाता है और परिणामस्वरूप दस्त होने लगते हैं।

स्वस्थ शिशुओं को सामान्य रूप में दस्त रोग हो जाता है क्योंकि मल निष्कासन की आदत बनने में कुछ समय लगना स्वाभाविक है। दूध आँतों के मार्ग से अतिशीघ्र निकल जाता है जिससे मल ढीला, तरल, अधपचे दूध के दही से युक्त अपरिवर्तनशील पित्त रस के कारण हरे रंग का होता है। यदि श्लेष्मा भी विद्यमान हो तो समझ लेना चाहिए की आँतों की श्लेष्मिक झिल्लियों में जलन पैदा हो गई है। यदि मल में रक्त की उपस्थिति हो तो संक्रमण की सम्भावनाएँ होती है। अतिसार के साथ उदर में ऐंठन एवं जलन भी होती है और शिशु पीड़ा के कारण चिल्लाता है। निर्जलीकरण के लक्षण जैसे त्वचा पर झुर्रियों का पड़ जाना, वजन का घटना, Fontanelle का धँस जाना, इस अवस्था में दिखाई देने लगते हैं। संक्षेप में शिशु के अतिसार से पीड़ित होने के तीन मुख्य कारण हैं—

1. दूध पिलाने में दोष दूध के तत्वों अथवा मात्रा के कारण पैदा होता है।
2. अधिक शर्करा के उपयोग से आँतों में उसका खमीरीकरण होता है जिससे वायुविकार तथा दस्त हो जाते हैं।
3. जीवाणु तथा वायरस के जरिए आँतों का संक्रमण भी एक कारण है।

उपचार के रूप में शिशु को कृत्रिम दूध कम मात्रा में पतला बनाकर पिलाना चाहिए जब तक कि दस्त रोग नियन्त्रण में नहीं आ जाता है। अधिक शर्करा के उपयोग से मल कुछ झागदार तथा मलद्वार के आस-पास घाव हो जाता है। इस अवस्था में शर्करा का पूरी तरह उपयोग बन्द कर देना ही सही होता है।

यदि संक्रमण के कारण अतिसार हो रहा है तो शिशु को अन्य शिशुओं से हमेशा अलग रखना चाहिए। जब तक दस्त बन्द नहीं हो जाते दूध पूर्णतः वर्जित है। इस अवस्था में 0.18% सोडियम क्लोराइड, 4% ग्लूकोज, प्रति लीटर में 2 ग्राम पोटैशियम क्लोराइड मिलाकर 2-3 घण्टों में एक बार थोड़ा-थोड़ा करके पिलाना चाहिए। प्रति किलोग्राम वजन के लिए 175 मात्रा में तरल पदार्थ देना

चाहिए। यदि इसके बाद भी निर्जलीकरण की स्थिति बन रही है तो शिराओं द्वारा तरल पदार्थ शिशु को पहुँचाने चाहिए। इस स्थिति में एण्टीबायोटिक दवाईयाँ भी दी जाती हैं।

लक्षण

इसके प्रमुख लक्षण निम्नलिखित हैं–

1. दस्त के साथ वमन भी होता है।
2. शरीर का ताप 100 से 104 डिग्री फॉरेनहाइट तक जाता है।
3. उल्टी व दस्त के कारण बच्चे के शरीर से जल तथा लवणों की निरंतर हानि होती है जिसे निर्जलीकरण की समस्या उत्पन्न हो जाती है, जो खतरनाक स्थिति है।
4. प्यास अधिक लगती है।
5. त्वचा सूखी हो जाती है, आँखों के नीचे काले घेरे बन जाते हैं।
6. बच्चा 24 घण्टे में 5 से 30 बार तक मल त्याग कर सकता है।
7. मल एक दम पतला होता है साथ ही उसमें तीव्र गंध व झाग होता है।
8. मल में खून तथा श्लेष्मा भी हो सकती है।
9. बच्चों को मल त्याग करने में अधिक जोर लगाना पड़ता है।
10. मल त्याग से पूर्व तथा बाद में पेट में तीव्र दर्द होता है।
11. बार-बार मल त्याग करने से शिशु एकदम कमजोर हो जाता है।

कारण

1. बच्चे को ठण्डा व बासी दूध देना।
2. स्तनपान कराने वाली माताओं का अधिक गरिष्ठ तथा मिर्च मसालेयुक्त भोजन खाना।
3. शिशु के शरीर में सर्दी, खाँसी, जुकाम तथा बुखार रोग होना।
4. शिशु के दाँत निकलना।
5. मौसम में अधिक सर्दी व गर्मी का होना।
6. बच्चे के आहार देने के समय में अनियमितता।
7. दूध के बर्तन, बोतल, निपल, स्तन तथा माँ के हाथों का गंदा होना।
8. बच्चे का आवश्यकता से अधिक दूध पी लेना।
9. बच्चे को ऊपर का दूध अधिक वसायुक्त देना।

उपचार

1. 1 लीटर उबले पानी में एक चुटकी नमक तथा एक मुट्ठी चीनी डालकर घोल बना लें और थोड़ी-थोड़ी देर के बाद शिशु को पिलायें।
2. शिशु की व्यक्तिगत स्वच्छता पर विशेष ध्यान देना चाहिये।
3. शिशु को गर्म व आराम वाली अवस्था में रखना चाहिये।
4. दूध के स्थान पर मट्ठा देना चाहिये।
5. बच्चे को तुरंत चिकित्सक के पास ले जाकर उसका समुचित उपचार कराना चाहिये।
6. बच्चे को पूर्ण आराम करने दें।

7.   ऊपर का दूध बंद कर दें। केवल माँ का दूध दिया जा सकता है।
8.   ऊपर के दूध के स्थान पर दूध फाड़कर उसका पानी दें। जौ का पानी भी दिया जा सकता है।
9.   बच्चे को ठोस आहार न दें।
10. दूध के बर्तन, निप्पल और बोतल आदि की स्वच्छता पर ध्यान दें।
11. चावल का माँड़ बच्चों को दें।
12. बच्चे को बार-बार थोड़ी-थोड़ी देर में अच्छी तरह उबालकर ठंडा किया गया पानी पीने को दें जिससे शरीर में जल की हानि को पूरा किया जा सके।

कब्ज (Constipation)

कब्ज से आशय नियमित रूप से मल त्याग न होना, कम होना तथा कड़ा होना है। स्वास्थ्य की दृष्टि से रोज दिन मल का त्याग होना जरूरी है। पर्याप्त दूध या आहार के सेवन की कमी से शिशु की मल निष्कासन सम्बन्धी आदतों में बदलाव आ जाता है। अनियमित व असमय में सख्त मल निष्कासन कब्ज का लक्षण है। यह रोग अधिकतर मानव निर्मित दूध पर आश्रित शिशुओं में देखने को मिलता है। प्रोटीन की अधिकता के कारण, कम शर्करा के उपयोग के फलस्वरूप एवं गाढ़े दूध के सेवन से भी कब्ज होना सम्भव है। अतः उपचार के रूप में आहार में बदलाव लाकर अधिक तरल पदार्थ रोगी शिशु को देना अच्छा होता है। यदि दर्द अधिक हो तो मिल्क ऑफ मेग्नेशिया कम मात्रा में शिशु को दिया जा सकता है।

कारण

1.   भोजन के समय में अनियमितता।
2.   रेशेयुक्त पदार्थों को कम मात्रा में लेना।
3.   पाचक रसों का कम मात्रा में बनना।
4.   आँतों का कमजोर होना।
5.   शिशु का ऊपरी दूध द्वारा पोषित होना।
6.   तरल पदार्थों का कम मात्रा में लेना।
7.   असंतुलित आहार जैसे अधिक वसा व प्रोटीन, कम कार्बोज, सब्जी तथा फल आदि का लेना।

लक्षण

1.   पेट में तीव्र पीड़ा होना।
2.   मल का अत्यधिक कठिनाई से होना।
3.   मल त्याग करते समय दर्द के कारण बच्चा रोता है।
4.   नियमित मल का त्याग न होना।
5.   मल का कठोर और गाँठदार होना।

उपचार

1.   उपचार के लिये ग्लिसरीन की सिरिंज अथवा ग्लिसरीन की बत्ती लगानी चाहिये। लेकिन इसकी नियमित आदत नहीं डालनी चाहिये।

2. शिशुओं को घुट्टी पिलायें।
3. बच्चे को मिल्क ऑफ मैग्नीशिया दें।
4. बच्चों को क्रियाशील रहने दे, शिशुओं को गोद में अधिक न लें, बल्कि लेटकर हाथ-पैर चलाने दें।
5. बच्चे के भोजन के समय में नियमितता रखनी चाहिये।
6. बच्चों को नियमित समय पर मल त्याग के लिये प्रेरित करना चाहिये।
7. बच्चे के आहार में तरल पदार्थों जैसे–जल, फलों का रस तथा सब्जियों के सूप की मात्रा बढ़ा देनी चाहिये।

वायु विकार (Breathing Disorder)

नवजात शिशु को दूध पीना सीखने में समय लगता है। उसके बाद भी बारी-बारी से दूध पीने और श्वास लेने की क्रिया पर नियन्त्रण पाना उसके लिए जल्दी सम्भव नहीं हो पाता है। परिणाम स्वरूप कभी-कभी दूध श्वसन नलिका में प्रवेश कर खाँसी पैदा कर देता है। वैसे भी सामान्य रूप से शिशु दूध पीने के साथ ही साथ अधिक मात्रा में वायु को निगल जाते हैं। यदि आमाशय में पहुँच चुकी वायु को डकारों के जरिए बाहर नहीं निकाला जाता है तो पाइलोरिक संवरणी बन्द रहती है तब आमाशय अपनी क्षमता से ज्यादा फूल जाता है। इस अवस्था में और दूध पीने के लिए उसमें स्थान नहीं बचता है। यही वायु आँतों तक पहुँचकर उनका विस्फारण भी करती है जिससे शिशु के पेट में असहनीय दर्द होता है। इसी को वायु विकार कहते हैं।

कोलिक के कारण वायु विकार से सम्बन्धित रोग भी हो सकते हैं या जलन उत्पन्न करने वाले उत्तेजित पदार्थों (Irritative Stimulus) के सेवन से भी यह सम्भव हो जाता है। दूध पिलाने का गलत तरीका इस रोग के होने का एक दूसरा कारण है। कोलिक के समय बच्चा तेजी से चिल्लाता है, उसका मुँह लाल सुर्ख हो जाता है, मुट्ठियाँ भिंच (बन्द) जाती हैं, हाथ-पैर मुड़ जाते हैं उदर पेशियाँ तन जाती हैं और उदर गेंद की तरह फूल जाता है। इसके उपचार के लिए माता को रोग होने के कारण का पता लगाना चाहिए और उसके निवारण का उपाय भी। पेट पर गर्म सेंक करने से शिशु को दर्द से आराम मिलता है। एण्टी फ्लाच्यूलेण्ट दवाईयों का उपयोग करना भी लाभप्रद होता है।

अंगोछे के घाव (Diaper Rash)

नवजात शिशु में संक्रमण के प्रति प्राकृतिक रूप से ही कमजोरी रहती है एवं उसमें रोगों को रोकने की क्षमता कम होती है। जो रोग बड़ों के लिए साधारणतः सामान्य माने जाते हैं वे ही शिशुओं के लिए भयानक हैं। स्थानीय स्वच्छता का अभाव, अंगोछे के गीला होने पर तुरन्त उसे न बदलने से, कपड़े (अंगोछे के) में संक्रामक जीवाणुओं की उपस्थिति से, अंगोछा अत्यन्त कसा हुआ (जिसमें वायु प्रवेश न कर सके) होने से प्लास्टिक के अंगोछे के लगातार प्रयोग से, अंगोछे के घाव हो जाते हैं। लेकिन उपचार न करने से ये घाव भयानक रूप धारण कर लेते हैं। मूत्रद्वार एवं गुदा द्वार के पास लालिमा जलन एवं छोटे-छोटे दाने भी हो जाते हैं जिनमें मवाद भर जाता है। यह मुख्यतः स्टेफिलो कॉकस जीवाणुओं के कारण होता है। शिशु की त्वचा बहुत कोमल होती है अतः छिल जाती है और आसानी से घाव का रूप ले लेती है। इसके बाद ऊपरी त्वचा हटकर नीचे की गुलाबी त्वचा ऊपर आ जाती है। इसके बाद संक्रमण होना बहुत आसान है जिसके भयानक परिणाम हो सकते हैं।

उपचार स्वरूप सबसे पहले कारण का पता लगाकर उसके निदान करने की कोशिश करनी चाहिए। मरहम लगाना तथा एण्टी बायोटिक्स दवाईयों का सेवन करना भी लाभप्रद होता है।

नाभि एवं आँखों का संक्रमण (Infection of Navel and Eyes)

जन्म के बाद शिशु की नाभिरज्जु को काटकर अलग कर देते हैं एवं नाभि का बचा हुआ भाग सातवें दिन तक सूख कर गिर जाता है। उस स्थान पर गुलाबी कोमल त्वचा दिखाई देने लगती है जो धीरे-धीरे सूख कर काली (शरीर के अन्य भागों की त्वचा के रंग की) हो जाती है। लेकिन यह जब तक पूरी तरह अन्य स्थानों की त्वचा के अनुसार नहीं हो जाती है तब उसके आस-पास के स्थान पर नमी तथा ताप की उपस्थिति होती है। यह स्थिति जीवाणुओं के विकास में मदद करती है। अतः इस स्थान पर पूरी तरह से सफाई का ध्यान रखना जरूरी होता है। उस पर पाउडर छिड़कने से घाव सूख जाता है।

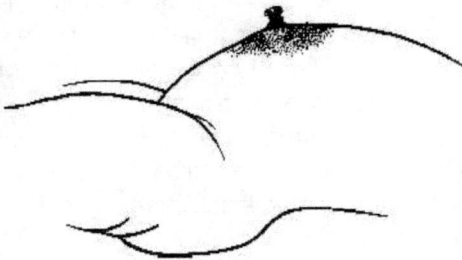

स्टेफिलोकाकस तथा अन्य बायरस से आँखों का संक्रमण हो जाता है जिसका कारण सामान्यतः माता की ओर से लापरवाही एवं सफाई की कमी ही होती है। आँखों की दवाइयों आदि (Penicillin Eye Drops) के उपयोग से स्थिति में सुधार सम्भव है। यह दवा प्रथम छः घण्टों में हर पन्द्रह मिनट बाद एवं तदन्तर हर छः घण्टे की अवधि के बाद एक बार आँखों में डालनी चाहिए। संक्रमण के उपचार में निम्नलिखित चार सिद्धान्तों को ध्यान में रखते हुए शिशु की देखभाल करनी चाहिए—

1. शिशु की सामान्य स्वास्थ्य स्थिति (General Condition of Health) को बनाए रखने की कोशिश करनी चाहिए। संक्रमण की प्रकृति के अनुसार शिशु के पोषण की दैनदिनी (Routine) में बदलाव लाना चाहिए अर्थात् दूध पाचनशील अवस्था में हो, पतला हो। हर बार दूध की मात्रा तथा गाढ़ापन कम होनी चाहिए। यदि अतिसार के समय थकान के कारण शिशु अधिक तरल पदार्थ नहीं ले पाता है तो उसको शिराओं के तरल पदार्थ पहुँचाना चाहिए जिससे शिशु में निर्जलीकरण की स्थिति-पैदा न हो पाये।
2. यदि संक्रमण की स्थिति में फेफड़ों पर दुष्प्रभाव पड़ रहा हो तो पर्याप्त ऑक्सीजन की व्यवस्था भी करवा लेनी चाहिए।
3. निसंक्रमण के लिए आजकल एण्टीबायोटिक्स अचूक दवा के रूप में कार्य करती है। अतः संक्रामक जीवाणुओं की प्रकृति के बारे में जाँच करवाकर उचित एण्टीबायोटिक्स औषधि देने की व्यवस्था करनी चाहिए।
4. शिशु के शारीरिक तापमान को सामान्य बनाए रखने की कोशिश जरूरी है। अतिसार हो तो शिशु को गर्म रखें और यदि उच्च तापक्रम अथवा ज्वर है तो उसे ठण्डा रखने की कोशिश करें।

5. पीलिया–लाल रक्त कणों के अधिक विघटन से रक्त में बिली रूबिन नामक रज्जक बढ़ जाते हैं जो कि जल में घुलनशील होते हैं। सामान्य रूप से शरीर इनका उपयोग, पित्त रस बनाने के लिए करता है। इसके लिए उपयुक्त एन्जाइम के निर्माण की प्रक्रिया नवजात शिशु में, धीमी अथवा नहीं के बराबर होती है जिससे रक्त पीला हो जाता है। इसे शरीर वैज्ञानिक सम्बन्धी पीलिया (Physiological Jaundice) कहते हैं।

यह स्थिति शिशु के जन्म के दूसरे दिन तक पैदा नहीं होती है और यह दस दिन तक रह सकती है। त्वचा नींबू के रंग के समान पीली हो जाती है लेकिन यकृत और प्लीहा के आकार में बढ़ोतरी नहीं होती है। मल का रंग भी सामान्य ही बना रहता है, भूख मर जाती है, शिशु को नींद ज्यादा आती है। जल्दी ही रक्तदान करने की (Blood Transfusion) जरूरत होती है।

उपचार की दृष्टि से यह जानना जरूरी है कि कब पीलिया उत्पन्न हुआ? पहले चौबीस घण्टों में यदि पीलिया होता है, वह खतरनाक होता है, रक्त के समूह के ABO असमानता के कारण या किसी एन्जाइम की कमी के कारण (Glucose-6-Hydrogenase) हो सकता है।

माता को यदि प्रसव से पहले फीनो वार्बिटोन (Pheno Barbitone) नामक दवा दी जाती है जो शिशु को पीलिया होने की सम्भावना कम हो जाती है क्योंकि यह औषधि शिशु के यकृत में विद्यमान एन्जाइम की प्रक्रिया पर अच्छा असर डालती है। शिशु की आँखों पर पट्टी बाँधकर उसे नीले रंग की रोशनी में रखना चाहिए। नीला रंग त्वचा के पास विद्यमान बिलीरूबिन को रंग रहित यौगिकों में बदलता है जो कि मस्तिष्क के लिए भी हानि रहित होता है। लेकिन इस रोशनी का आँखों पर दुष्परिणाम पड़ सकता है। जिसमें नेत्र श्लेष्म की तीव्र प्रतिक्रिया हो जाती है। इस प्रक्रिया को फोटोथेरापी (Photo Therapy) कहते हैं।

स्तनों की सूजन (Swelling of Breast)

जन्म के बाद प्रथम सप्ताह में शिशुओं के स्तनों में सूजन भी देखने को मिलती है। शिशु चाहे लड़का हो अथवा लड़की, यह रोग दोनों ही में पाया जाता है। अनेक बार चूचुकों में से दूध (Witch's Milk) भी निकलता है जिसको 'विच का दूध' कहते हैं। लड़कियों में गर्भाशय से रक्त स्त्राव भी होते देखा गया है। इसका मुख्य कारण यह है कि माता का हॉर्मोन शिशु के रक्त में प्रवेश करके शारीरिक बदलाव लाता है। इस परिस्थिति हेतु विशेष उपचार की जरूरत नहीं है क्योंकि 6-7 दिनों में यह बीमारी स्वयं ही ठीक हो जाती है। किसी भी अवस्था में शिशुओं के चूचुकों को दबाकर दूध नहीं निकालना चाहिए क्योंकि इससे संक्रमण होने का डर रहता है।

वमन (Vomit)

सामान्य रूप से शिशु में दूध पिलाने के बाद कम अथवा अधिक मात्रा में वमन करने की सम्भावना रहती है। जरूरत से अधिक दूध पिलाने के बाद शिशु को डकार न दिलाने से वमन हो जाता है। इसका उपचार इसके कारण में ही अन्तर्निहित है कि शिशु को स्तन-पान कराने के उपरान्त अथवा कृत्रिम दुग्ध-पान कराने के बाद डकार दिलाना जरूरी है।

यदि शिशु को लगातार उल्टी हो रही है तो समझ लेना चाहिए कि उसकी पाचन प्रणाली में कहीं न कहीं कुछ रूकावट आ गई है कभी-कभी शिशु श्लेष्मा का भी उल्टी करता है, इसको

श्लेष्मा-वमन कहते हैं। इसमें खून मिला होता है। इसका मुख्य कारण है, प्रसव के समय किसी पदार्थ (गर्भाशय से सम्बन्धित) के शिशु द्वारा निगल जाने से आमाशय की झिल्लियों पर जलन उत्पन्न हो जाती है। तीव्र स्थिति में आमाशय को नमकयुक्त पानी (Saline Water) से धोया जाता है। संक्रमण के कारण भी उल्टी होती है जिसके साथ ही अतिसार होना भी सम्भव है। मस्तिष्क सम्बन्धी रोग (Meningitis) या गुर्दे के रोग (Pyelonephritis) में उल्टी की मात्रा तथा उल्टी करने की संख्या बढ़ जाती है। अतः ऐसी परिस्थिति में शिशु को चिकित्सक के पास जल्दी ले जाना चाहिए।

कुपोषण तथा कैलोरी प्रोटीन कुपोषण (Malnutrition and Calorie Protein Malnutrition)

कैलोरी-प्रोटीन कुपोषण को मरास्मस भी कहते हैं। यह 2-4 वर्ष तक के बच्चों को होता है। कैलोरी वजन में कमी, वृद्धि का रूक जाना, दस्त आना, त्वचा का सूख जाना आदि लक्षण पाए जाते हैं। केवल प्रोटीन के कुपोषण से क्वाशियरकार रोग हो जाता है।

एक सप्ताह तक बच्चे को तरल पदार्थों पर रखा जाता है। दूध का पाउडर + शक्कर + पके हुए अनाज + पका केला आदि दिए जाते हैं। दूसरे सप्ताह में वसा, विटामिन 'ए', लोहा (आयरन) एवं फोलिक अम्ल की गोली दी जाती है। नमक की जगह पोटैशियम क्लोराइड एवं मैग्नीशियम क्लोराइड दिया जाता है। यह 4 से 6 सप्ताह तक चलता है।

कुपोषण की स्थिति में सभी पौष्टिक तत्त्वों की कमी आ जाती है। इससे सुस्ती, शारीरिक व मानसिक आलस्य, वजन की कमी, माँसपेशियाँ नर्म व ढीली, त्वचा सुखी, खुरदरी, आँखें चमकहीन, सूजन से युक्त, अधिक थकान महसूस होना, अस्थि विकृति आदि लक्षण पैदा हो जाते हैं।

इसके उपचार के रूप में सन्तुलित भोजन देने के साथ-साथ बच्चे को पौष्टिक तत्त्वों की, जैसे प्रोटीन, कैल्शियम, लोहा, फोलिक अम्ल, विटामिन ए, बी-कॉप्लेक्स, सी एवं डी की गोली साँन्द्र रूप में देना चाहिए। समय-समय पर बच्चे की चिकित्सा सम्बन्धी परीक्षण भी करवाना अच्छा होता है।

पेट में दर्द (Stomach Pain)

शिशु में पेट दर्द की शिकायत सामान्य रूप से होती है। पीड़ा के बढ़ने पर बच्चा जोर-जोर से रोने लगता है, हाथ-पैर पटकता है और दूध नहीं पीता है।

कारण

1. आहार में प्रोटीन की अधिकता होना।
2. बच्चे का ऊपर के दूध द्वारा पोषित होना।
3. आहार के साथ तरल पदार्थों को कम मात्रा में देना।
4. पेट में अधिक वायु का भरना।
5. बच्चे को कब्ज की शिकायत होना है।

उपचार

1. गर्म गुनगुने जल में सोडियम बाइकार्बोनेट डालकर चम्मच या बोतल से पिलायें।
2. हल्के गुनगुने पानी में हींग डालकर इसका लेप नाभि के चारों ओर करें।
3. बच्चों को ग्राइप वाटर पिलायें।

4. शिशु को ऊपर का दूध पतला करके दें।
5. यदि घरेलू उपचारों से लाभ नजर न आये तो तुरंत चिकित्सक को दिखायें।
6. पेट के निचले भाग में सूखे कपड़े या गर्म पानी की बोतल से सिंकाई करें।
7 पेट की हल्की मालिश करें। ऐसा करने से पेट की वायु बाहर निकल जाती है।

पेट में कीड़े होना (Worms in Stomach)

ज्यादातर बच्चों के पेट में कीड़े पाये जाते हैं। यह कोई असाधरण बात नहीं है। पेट में कीड़े होने पर बच्चे की भूख समाप्त हो जाती है। बालक कुपोषित हो जाता है जिससे उसमें आयु के अनुसार शारीरिक वृद्धि और विकास नहीं हो पाता है।

कीड़ों के प्रकार—सामान्य रूप से तीन प्रकार के कीड़े शिशु के पेट में पाये जाते हैं–(1) गोल कृमि, (2) सूत कृमि और (3) अंकुश कृमि।

गोल कृमि—इनकी लम्बाई सामान्यतः 8 इंच के होते हैं। ये केंचुये की तरह गोल होते हैं और दोनों सिरे धड़ की अपेक्षा अधिक नुकीले होते हैं। ये आँतों में पाये जाते हैं।

ये कीड़े भोजन, जल और कच्ची साग-सब्जी के माध्यम से आँतों में पहुँच जाते हैं और यहाँ से प्रजनन क्रिया द्वारा इनकी वृद्धि होती है। इनके अण्डे दो माह में पूर्ण वयस्क हो जाते हैं जिसके शरीर में ये कीड़े पहुँच जाते हैं।

लक्षण

1. बच्चों के हाथ-पैरों का ऐंठना।
2. पित्ती निकलना।
3. यकृत में पहुँचने पर ये पीलिया रोग उत्पन्न करते हैं।
4. पेट में दर्द होने पर जब उल्टी होती है तो कभी-कभी वमन के साथ ये बाहर निकल जाते हैं।
5. ज्वर, खाँसी और बलगम की शिकायत भी पैदा करते हैं।
6. अपच।
7. पेट में दर्द।
8. पेट का फूलना।
9. दाँत किटकिटाना।

सूत कृमि—इनका आकार छोटा और रंग सफेद होता है। ये छोटी आँत में पाये जाते हैं लेकिन अण्डे गुदा के पास देते हैं जिससे गुदा मार्ग में खुजली होती है। हाथ से खुजाने पर ये अण्डे उंगलियों के सम्पर्क में आ जाते हैं और गंदे हाथों से भोजन व जल को छूने पर दूसरे व्यक्तियों के शरीर में पहुँच जाते हैं।

लक्षण

1. गुदा मार्ग में खुजलाहट।
2. बच्चे बिस्तर में पेशाब कर देते है।
3. बार-बार मल त्याग की इच्छा का होना।

अंकुश कृमि—यह छोटे आकार का कृमि है। यह आँतों में पाया जाता है। यह आँतों की दीवार से चिपक जाता है तथा रक्त चूसता रहता है जिससे शरीर में रक्त की कमी हो जाती है।

लक्षण

1. पाचन शक्ति क्षीण हो जाती है।
2. स्मरण शक्ति क्षीण हो जाती है।
3. भूख समाप्त हो जाती है।
4. बच्चा चिड़चिड़ा हो जाता है।
5. ये कृमि शरीर में रक्ताल्पता कमजोरी तथा स्नायु दुर्बलता के लक्षण उत्पन्न करते हैं।
6. बच्चों का विकास रुक जाता है।
7. बच्चे शारीरिक व मानसिक रूप से कमजोर हो जाते हैं।

शरीर में कीड़ों के प्रवेश के कारण

1. हरी पत्तेदार सब्जियों, जड़ वाली सब्जियों तथा फलों को बिना धोये खाने से।
2. बच्चों के मिट्टी में खेलने से।
3. बच्चों के मिट्टी खाने से।
4. मल त्याग के बाद हाथों को अच्छी तरह न धोने से।
5. गंदे हाथों से भोजन खाने, बनाने तथा परोसने से।
6. गंदे स्थानों, खेतों तथा मिट्टी में नंगे पैर घूमने से।
7. दूषित जल व भोजन का सेवन करने से।

उपचार

1. गंदे स्थान, खेत व मिट्टी में नंगे पैर न घूमें।
2. पानी उबालकर पियें।
3. बच्चों को अधिक मीठा न खाने दें।
4. मल त्याग के बाद एन्टीसेप्टिक लोशन पानी में डालकर सफाई करें।
5. मल परीक्षण करवायें और चिकित्सक के परामर्शानुसार दवा दें।
6. अपने घर तथा आस-पास के वातावरण की स्वच्छता पर ध्यान दें।
7. बच्चों को मिट्टी न खाने दें।
8. शिशुओं को स्तनपान कराने से पूर्व स्तनों को अच्छी तरह से साफ कर लें।
9. शिशु की बोतल तथा दूध पिलाने के बर्तनों को अच्छी तरह उबाल कर विसंक्रमित करें।
10. बालकों के नाखून अधिक बढ़े न रहने दें।
11. बच्चों में भोजन सम्बन्धी तथा शौचादि सम्बन्धी अच्छी आदतों का विकास करें।

सर्दी–खाँसी (Cold-Cough)

शिशु कोमल होते हैं तथा उनमें वातावरण के साथ तालमेल बिठाने की क्षमता कम होती है। इसलिए बदलते हुए मौसम में वे विशेष रूप से जाड़ों में सर्दी-खाँसी के शिकार हो जाते हैं। यदि इसमें लापरवाही बरती जाती है तो यह उग्र रूप धारण कर निमोनिया तथा ब्रॉकाइटिस आदि रोगों को पैदा करते हैं। इसलिए इसे साधारण रोग समझकर इसकी उपेक्षा नहीं करनी चाहिये बल्कि समुचित उपचार करना चाहिए।

कारण

1. शिशुओं का बिस्तर तथा वस्त्र में मूत्र त्याग करना।
2. शिशुओं व बालकों का जुकाम से संक्रमित व्यक्ति के सम्पर्क में आना।
3. निवास स्थान का बंद व सीलनदार होना।
4. तापमान में एकाएक परिवर्तन होना।
5. व्यायाम तथा खेल क्रियाओं के बाद शिशुओं को नहलाने से।
6. अधिक क्रियाशील रहने के बाद एकदम ठंडा पानी पीने से।
7. शिशुओं को गर्म पानी से नहलाने के बाद हवायुक्त स्थान पर वस्त्र पहनाने से।
8. मौसम का अत्यधिक ठंडा होना।
9. ठंडे मौसम के अनुसार उपयुक्त ऊनी कपड़ों को न पहनना।
10. बच्चों का शीत ऋतु में पानी के साथ खेल करना।

लक्षण

1. शरीर व सिर में दर्द।
2. हल्का ज्वर।
3. बच्चे की क्रियाशीलता व भूख कम हो जाना।
4. सर्दी अधिक लगना।
5. अधिक छींकें आना।
6. नाक से पानी आना।
7. गले में दर्द होना व गला बैठना।
8. आँखों से पानी आना।

उपचार

1. मालिश के तुरंत बाद स्नान न करावें।
2. बच्चे को पर्याप्त आराम करने दें तथा उसके बिस्तर को गर्म पानी की बोतल रखकर गर्म करें।
3. बच्चे को हवादार कमरे में न लिटायें।
4. रोगी के रूमाल तथा वस्त्रों को अलग रखें।
5. हल्का सुपाच्य भोजन दें।
6. रोगी को दिन के समय धूप में लिटायें।
7. उबला गुनगुना पानी पीने को दें।
8. यदि तीन चार दिन में जुकाम की तीव्रता कम न हो तो चिकित्सक को दिखायें।
9. रोगी को सर्दी से बचायें।
10. रोगी को नहलायें नहीं बल्कि स्पंज करें।
11. ठंडी चीजें न दें।
12. रोगी को अन्य स्वस्थ व्यक्तियों से दूर रखें।
13. यदि बच्चा समझदार है तो उसे मुँह पर रूमाल रखकर खाँसने व छींकने के लिये कहें।
14. जाड़े के मौसम में बच्चों को पर्याप्त ऊनी कपड़े पहनायें।

खाँसी

खाँसी आना एक स्वाभाविक प्रक्रिया है। जुकाम से जो कफ बनता है उसके बाहर न निकल पाने के कारण यह आती है। खाँसी के द्वारा बलगम बाहर निकलने का प्रयत्न करता है।

लक्षण

1. श्वास व नाड़ी की गति बढ़ जाना।
2. छाती व पसलियों में दर्द रहना।
3. बार-बार खाँसी आना।
4. खाँसते समय चेहरा लाल हो जाना।

उपचार

1. हल्का व सुपाच्य भोजन दें।
2. रोगी को अन्य व्यक्तियों से अलग रखें।
3. रोगी के बलगम आदि को खुला न छोड़ें।
4. शहद में अदरक का रस डालकर दिन में दो तीन बार चटायें।
5. यदि शिशु स्तनपान करता है तो माँ ठंडी चीजों को न खायें।
6. यदि बच्चा बड़ा और समझदार है तो गुनगुने पानी में नमक डालकर कुल्ले करायें।
7. चिकित्सक के परामर्शानुसार दवा दें।
8. उबला गुनगुना पानी पीने दें।
9. छाती व पसलियों पर विक्स या तारपीन का तेल लगायें।
10. छाती व पसली की सूखे कपड़े से सिकांई करें।
11. ठंडी चीज खाने को न दें।

निमोनिया (Pneumonia)

यह श्वास नली और फेफड़ों के संक्रमित होने से होता है। इसका सही समय पर उपचार न किया जाये तो भयानक स्थिति पैदा हो जाती है। सर्दी, जुकाम और खाँसी का यदि समुचित इलाज नहीं किया जाता है तो इसका प्रभाव श्वाँस प्रणालियों और फेफड़ों पर पड़ता है। इसलिए सर्दी, जुकाम ब्रोंकाइटिस का, ब्रोंकाइटिस निमोनिया का और निमोनिया क्षय रोग का कारण बन जाता है। अतः इन रोगों का तुरंत निदान जरूरी है। 1 वर्ष तक की आयु के बच्चे इन रोगों से शीघ्र ही प्रभावित हो जाते हैं।

लक्षण

1. साँस के साथ घरघराहट की आवाज।
2. शरीर के तापमान में वृद्धि।
3. खाँसते समय बच्चे का चेहरा लाल होना।
4. बच्चे के पेट का तेज रफ्तार में ऊपर नीचे चलना।
5. जोर की सूखी खाँसी का आना।
6. साँस लेने में कष्ट तथा साँस लेने में जोर लगाना पड़ता है।

उपचार

1. उबला हुआ गुनगुना जल पिलायें।
2. लक्षण प्रकट होते ही तुरंत चिकित्सक को दिखायें।
3. बच्चों को ठंड से बचायें। यदि सर्दी है तो पर्याप्त ऊनी वस्त्र पहनायें।
4. उपर्युक्त लक्षण प्रकट होते ही बच्चे को किसी गर्म कमरे में लिटायें।
5. लिटाते समय इस बात का ध्यान रखें कि बच्चे का सिर वायु आवागमन मार्ग की ओर न हो।
6. रोगी को हल्का तरल सुपाच्य भोजन दें।

फोड़े–फुन्सी (Furuncles)

त्वचा पर छोटे-छोटे मवादयुक्त दाने फोड़े-फुन्सी के रूप में जाने जाते हैं।

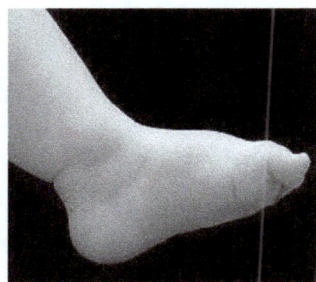

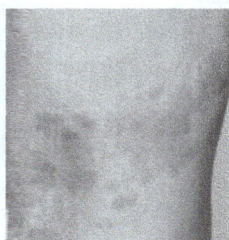

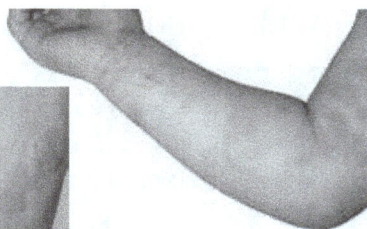

कारण

1. खून की खराबी।
2. कुपोषण।
3. भोजन में अधिक मीठा लेना तथा डायबिटीज रोग।
4. अस्वास्थ्यकर वातावरण और व्यक्तिगत स्वच्छता का अभाव।
5. पुरानी चोट या घाव से निकलने वाली गंदगी भी आस-पास लगकर फोड़े-फुन्सियों को जन्म देती है।

उपचार

1. गंदे हाथों से फोड़े-फुन्सी न छुयें ।
2. घाव व चोट को साफ रखें तथा खुला न छोड़ें ।
3. आहार में शर्करा की मात्रा कम कर दें ।
4. वातावरणीय तथा व्यक्तिगत स्वच्छता पर ध्यान दें ।
5. बच्चों को गंदे स्थान पर न खेलने दें ।

छाजन (Eczema)

यह रोग अधिकांशतः गाल, कोहनी, घुटने के पीछे तथा पैरों में होता है ।

लक्षण

1. त्वचा लाल, मोटी तथा परतदार हो जाती है ।
2. त्वचा में तीव्र खुजली व जलन होती है ।
3. बच्चों को खुजली के कारण रात्रि में सोने में कठिनाई होती है ।
   उपचार–इसके प्रमुख उपचार अग्रलिखित हैं–
1. रोगी को पूर्ण आराम देना चाहिये ।
2. चिकित्सक के परामर्शनुसार उपचार करना चाहिये ।
3. जहाँ खुजली हो वहाँ एण्टीसेप्टिक लोशन से धोना चाहिये ।
4. खुजली होने पर खुजाना नहीं चाहिये ।

घमौरी (Prickly head Rashes)

गर्मी के दिनों में शरीर पर छोटे-छोटे दाने निकल आते हैं । इन्हें घमौरी के रूप में जाना जाता है । इनमें खुजली रहती है । खुजली करने पर जलन होने लगती है । यह कोई रोग नहीं हैं । तापमान अधिक होने तथा पसीना अधिक निकलने से यह हो जाती है किन्तु यदि इनका समुचित निदान नहीं किया जाता हैं तो यह अन्य त्वचा रोगों में परिवर्तित हो जाती है ।

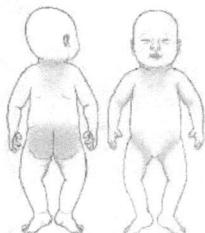

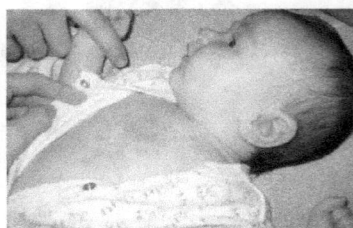

उपचार

1. स्नान के बाद शरीर को अच्छी तरह पोंछकर घमौरी नाशक पाउडर लगायें ।
2. अधिक घमौरी वाले भाग पर बर्फ मलें ।
3. बच्चे को धूप आदि से बचाकर रखें ।

4. घमौरियों को खुजलायें नहीं बल्कि हल्के हाथ से सहलायें। खुजाने से त्वचा फट जाती है और खून निकल आता है।
5. बच्चे के शरीर की नियमित सफाई करें। विशेष रूप से उन भागों की सफाई पर अधिक ध्यान दें जहाँ पसीना अधिक आता है।
6. गर्मी अधिक होने पर बच्चों को दिन में दो बार स्नान करायें।
7. हल्के सूती तथा ढीले-ढाले वस्त्र पहनायें। कृत्रिम तंतुओं से निर्मित वस्त्र न पहनायें।

प्रत्युर्जता (Allergy)

जब शरीर किसी बाह्य पदार्थ को स्वीकार नहीं करता है तो उसे 'एलर्जी' कहते हैं।

कारण

1. जीवन रक्षक औषधियाँ जैसे–पेनसिलीन, टेट्रासाइक्लीन, स्ट्रेपटोमाइसिन जो विभिन्न रोगों के उपचार की अचूक दवायें हैं। इनके प्रति एलर्जी होने पर ये हृदय, गुर्दे, मस्तिष्क आदि को हानि पहुँचाती है।
2. कुछ व्यक्तियों को धूल, धुयें, तीव्र गंध आदि से एलर्जी होती है जो विभिन्न श्वसन रोगों को जन्म देती है।
3. संश्लेषित वस्त्रों से जैसे–नायलोन, डेकरॉन, ऑरलान आदि से जब ये वस्त्र शरीर के प्रत्यक्ष सम्पर्क में आते हैं तो त्वचा रोगों को उत्पन्न करते हैं।
4. कुछ व्यक्तियों को विभिन्न खाद्य पदार्थों जैसे–फल, सब्जी, दाल, अण्डा, माँस, मछली, घी, तेल आदि से एलर्जी होती है। जिसके फलस्वरूप मुँह में छाले निकल आते हैं तथा विकार उत्पन्न होते हैं।

उपचार

एलर्जी के उपचार के लिये सबसे पहले उसके होने के सही कारण का पता करना चाहिये। उसके बाद चिकित्सक का परामर्श लेना चाहिये।

आँख में पीड़ा (Eyes Pain)

शिशु की आंखों में पीड़ा ज्यादातर स्वच्छता के अभाव में होता है।

कारण

1. नेत्र रोगी के सम्पर्क में आना।
2. धूल, मिट्टी, गंदगी आदि का आँख में जाना।
3. आँख साफ करने के लिये गंदे हाथ और गंदे वस्त्रों का प्रयोग करने से।
4. नेत्रों की स्वच्छता का अभाव।
5. आस-पास का गंदा वातावरण।
6. कम रोशनी में कार्य करना।

लक्षण

1. पलकों पर सूजन आना।
2. आँखों में दर्द रहना।
3. सोने पर पलकों का चिपक जाना।
4. आँखों का लाल रहना।
5. आँख से पानी व कीचड़ आना।

उपचार

1. आँख साफ करने के लिये स्वच्छ जल, साफ हाथ और साफ रूई या कपड़े का प्रयोग करें।
2. नेत्रों की धूल, मिट्टी आदि से सुरक्षा करें।
3. रोग की अवस्था में नेत्रों को पूर्ण आराम दिया जाये।
4. नेत्र चिकित्सा करायें।
5. कम प्रकाश में काम न करें।
6. रोगी को तेज प्रकाश व धूप से बचायें।
7. बोरिक लोशन से दिन में 3-4 बार आँखों की सफाई करें।

रोहें (Goosebumps)

रोहें आँखों के अंदर छोटे-छोटे दाने होते हैं जिनमें खुजली जलन और दर्द होता है। अगर इसका समय में उपचार नहीं किया जाता है तो अंधापन हो सकता है।

लक्षण–इसके प्रमुख लक्षण निम्नलिखित हैं–

1. तीव्र प्रकाश की ओर देखने पर आँखों में चमक लगना।
2. आँखों से निरन्तर पानी बहना।
3. आँखों से कीचड़ आना।
4. नेत्रों के अंदर पलकों पर छोटे-छोटे दाने निकलना।
5. आँखों में खुजली, जलन व दर्द रहना।

उपचार–इसके प्रमुख उपचार अग्रलिखित हैं–

1. गंदे हाथ व रूमाल आँख में न लगायें।
2. चिकित्सक के परामर्शानुसार दवा का प्रयोग करें।
3. नेत्रों की स्वच्छता पर ध्यान दें।
4. दिन में तीन-चार बार बोरिक लोशन से आँखें साफ करें।

ज्वर (Fever)

ज्वर की अवस्था में शरीर का तापमान सामान्य से अधिक हो जाता है जिसका अहसास शरीर को छूने मात्र से ही हो जाता है। शरीर का सामान्य तापक्रम 98.4 डिग्री फॉरेनहाइट होता है। अगर ताप सामान्य से 1 डिग्री भी अधिक है तो वह ज्वर कहलाता है।

कारण

1. जुकाम, खाँसी आदि होने पर।
2. मलेरिया, टायफायड, तपेदिक आदि रोग होने पर।
3. टॉन्सिल बढ़ने पर।
4. शारीरिक रूप से कमजोर होने पर।
5. संक्रामक रोग के लक्षण प्रकट होने पर।

लक्षण

1. प्यास अधिक लगती है।
2. बेचैनी रहती है।
3. बदन व सिर दर्द रहता है।
4. शरीर की क्रियाशीलता में कमी आती है।
5. आँखें लाल व भारी हो जाती है।
6. शरीर का तापमान बढ़ जाता है।
7. पसीना अधिक आता है।

उपचार

1. अगर पसीना अधिक आ रहा है तो शरीर के साफ कपड़े से 4-4 घन्टे बाद पोंछते रहें।
2. हल्का सुपाच्य भोजन दें।
3. डॉक्टर से परामर्श लें।
4. ज्वर तीव्र होने पर माथे पर ठण्डे पानी पर पट्टियाँ रखें।
5. बच्चे को शांत व आरामदायक वातावरण में लिटायें।
6. बच्चे से अधिक बातचीत न करें उसे अधिक से अधिक आराम करने दें।
7. अगर बुखार ठंड के साथ आता है तो शरीर को पर्याप्त कपड़ों से ढँकें तथा हवा से दूर रखें।

आक्षेप (Attack)

आक्षेप शिशुओं में होने वाली एक भयंकर बीमारी है। इसमें पहले बच्चे का शरीर काँपता है फिर ऐंठने लगता है। इस रोग में शरीर की पसलियों में बार-बार विमोचन होता है। बच्चा उन्हें रोकने तथा उन पर नियंत्रण पाने में असमर्थ रहता है। इसमें बच्चे का एक ओर का शरीर या सारा शरीर प्रभावित हो सकता है।

कारण

1. दुर्घटना के फलस्वरूप मस्तिष्क में रक्त-स्राव होने पर।
2. तांत्रिक ऊतकों पर नियंत्रण रखने वाले खनिज लवणों; जैसे—कैल्शियम आदि की कमी होने पर।
3. तीव्र ज्वर जैसे—मलेरिया, निमोनिया आदि होने पर।
4. मिरगी रोग होने पर।
5. मस्तिष्क में जन्मजात दोष होने पर।
6. अमाशय व आन्त्र शोध होने पर।

7. मस्तिष्क को संक्रमण द्वारा क्षति पहुँचने पर ।
8. बच्चों को मेनिंजाइटिस रोग होने पर ।
8. श्वसन रोगों और काली खाँसी का दौरा पड़ने पर,
9. मस्तिष्क को रक्त आपूर्ति बाधित होने पर ।
10. दवा या भोजन द्वारा विषाक्त भोज्य पदार्थ मस्तिष्क में पहुँचने पर ।

लक्षण

1. चेहरा पीला हो जाता है ।
2. श्वसन गति बढ़ जाती है ।
3. मुट्ठियाँ भिंच जाती हैं ।
4. बालक बेहोश हो जाता है ।
5. चेतना शून्य होने की दशा में मल-मूत्र त्याग भी हो सकता है ।
6. शरीर में कंपकंपी होती है ।
7. शरीर ऐंठने लगता है ।
8. पुतलियाँ विकृत हो जाती हैं ।
9. दाँत भिंच जाते हैं ।

उपचार

1. दाँतों के बीच कपड़े की गद्दी रख दें ताकि जीभ न कटे ।
2. यदि कंपन अधिक हो तो हाथ-पाँव की मालिश करें और कम्बल ओढ़ा दें ।
3. तुरंत चिकित्सक के पास ले जायें ।
4. आक्षेप आने पर सबसे पहले बच्चे को पीठ के बल लिटायें ।
5. कपड़े ढीले कर दें ।

चेचक (Chickenpox)

यह एक भयंकर संक्रामक रोग है इसका संक्रमण श्वसन मार्ग से होता है । इस रोग का प्रमुख विषाणु 'वेरियोला वायरस' है ।

लक्षण

1. 8-10 दिनों में इसमें मवाद आता है । इस समय ज्वर फिर तीव्र हो जाता है ।
2. 10-11 दिन बाद ज्वर घटने लगता है तथा दानों का सूख जाता है और खुरंट बन जाते हैं ।
3. यह खुरंट 21 से 28 दिनों में सूखकर झड़ जाते हैं और त्वचा पर गहरे निशान छोड़ जाते हैं जिन्हें 'मसूरिका चिह्न' कहते हैं ।
4. रोग की तीव्रता होने पर कुछ व्यक्ति मर जाते हैं कुछ जीवन भर के लिये अन्धे हो जाते हैं और कुछ में जीवन भर कान बहने का रोग हो जाता है ।
5. रोग का प्रारंभ तेज बुखार (103 डिग्री फा. से 104 डिग्री फा.) के साथ होता है ।
6. ज्वर के साथ तीव्र सिर दर्द, बदन दर्द, जी मिचलाना, उल्टी आदि के लक्षण प्रकट होते हैं ।

7. ज्वर के तीसरे दिन शरीर पर लाल-लाल दाने निकल आते हैं।
8. दाने निकलने के साथ ज्वर की तीव्रता में कमी आ जाती है।
9. 5-6 दिनों बाद दानों में पानी भर जाता है जिससे दाना छाले के समान उभरा दिखायी देता है।

उपचार

1. सेवा करने वाले व्यक्ति को अन्य व्यक्तियों के सम्पर्क में आने से पहले अपने वस्त्र बदल लेने चाहिये तथा हाथ-मुँह अच्छी तरह धो लेने चाहिये।
2. रोगी को हल्के व सुपाच्य भोजन देना चाहिये।
3. बचाव हेतु शिशु जन्म के तीन से 6 माह के भीतर ही प्रतिरोधक टीका लगवा देना चाहिये। फिर स्कूल जाने की अवस्था में हर तीसरे और पाँचवें साल टीका लगवाना चाहिये।
4. रोगी के ठीक होने के बाद उसकी सभी वस्तुओं को अच्छी तरह उबाल कर विसंक्रमित करना चाहिये। कमरे की सफाई फिनायल से करनी चाहिये।
5. चेचक होने पर उसकी सूचना तुरंत स्थानीय स्वास्थ्य अधिकारी को दें।
6. रोगी को या तो अस्पताल में भरती करायें या फिर घर के अलग कक्ष में उसके लिये व्यवस्था करें।
7. रोगी के पास नीम की पत्तियाँ रखें।
8. रोगी के कमरे में केवल वही व्यक्ति जाये जो उसकी देखभाल कर रहा हो। अन्य किसी को कमरे में नहीं जाने देना चाहिये।
9. रोगी के बिस्तर, वस्त्र, खिलौने, रूमाल, बर्तन, पेन, पेन्सिल आदि सभी वस्तुयें अलग रखें।
10. रोगी को नहलायें नहीं बल्कि स्पंज करें।
11. रोगी को दानों में खुजली आने पर खुजलाने न दें।
12. परिवार के सभी सदस्यों को चेचक का टीका लगवायें।
13. रोगी के मल-मूत्र, बलगम, खुरंट आदि को खुला न फेंके वरन् इकट्ठा करके जला दें।
14. जब तक खुरंट सूखकर झड़ न जाये तब तक रोगी को अन्य व्यक्तियों से न मिलने दें।

छोटी माता (Smallpox)

छोटी माता भी संक्रामक रोग है जो 10 वर्ष की आयु तक तक के बच्चों को हो सकता है। 6 माह तक तो माता से प्राप्त प्राकृतिक रोग निरोधक क्षमता होने के कारण शिशुओं पर इसका प्रकोप नहीं होता है किन्तु उसके बाद हो सकता है। इस रोग का जीवाणु 'वैरिसैला वायरस' है। श्वसन मार्ग द्वारा बिन्दुक संक्रमण से तथा रोगी की संक्रमित वस्तुओं से इसका संक्रमण होता है।

लक्षण

1. ज्वर आने के 24 घंटों के अन्दर शरीर के सम्पूर्ण ढँके भागों में दाने निकल आते हैं।
2. 2-3 दिन में इन दानों में पानी भर जाता है।
3. 6-7 दिन में दाने सूख जाते हैं और उन पर पपड़ी बन जाती है।
4. रोग हल्के ज्वर व कमर दर्द के साथ प्रारंभ होता है।
5. वयस्कों में ज्वर 101 डिग्री फा. 102 डिग्री फा. तक हो सकता है।

उपचार

1. रोगी के स्वस्थ्य होने पर उसके सभी सामान तथा कक्ष को साबुन, सोडा व गरम पानी से धोयें।

2. बिस्तर आदि को 12 घण्टे तेज धूप में रखें।
3. रोगी को पूरी तरह ठीक हो जाने के बाद भी 1 सप्ताह तक स्वस्थ्य व्यक्तियों से अलग रखें।
4. स्वास्थ्य अधिकारी को तुरंत सूचना दें।
5. रोगी की व्यवस्था साफ हवादार कमरे में अलग करें।
6. पित्तिकायें निकलने के समय से लगभग एक सप्ताह तक रोगी को अलग रखें।
7. रोगी के थूक, बलगम तथा अन्य पदार्थों को खुला न फेकें। जलाकर नष्ट कर दें।

खसरा (Measles)

खसरा तीव्रता से फैलने वाला रोग है। यह रोग 6 माह से 10 वर्ष की आयु के बच्चों को अधिक होता है। शीत और बसन्त ऋतुओं में इसका प्रसार तेजी से होता है। इसका वायरस द्वारा संक्रमण होता है।

लक्षण

1. धीरे-धीरे यह दाने सम्पूर्ण शरीर पर फैल जाते हैं।
2. गाल के भीतर एक खास तरह की फुन्सी निकलती है जो शरीर में निकलने वाले दानों से पहले निकलती है। इसे 'कोपलिक स्पोट' कहते हैं। यह इस रोग की खास पहचान है।
3. एक दो दिन तक दानों की तीव्रता रहती है फिर ये सूखने लगते हैं।
4. 8-9 दिन में लगभग सभी दाने सूख जाते हैं और सूखी त्वचा झड़ने लगती है।
5. पहले चार दिन तक जोर की सर्दी लगना।
6. फिर जुकाम, सिरदर्द, खाँसी और हल्का ज्वर होता है।
7. फिर तापमान 100 डिग्री फारेनहाइट से 103 डिग्री फॉरेनहाइट तक पहुँच जाता है।
8. सिरदर्द व बेचैनी रहती है।
9. नाक व आँख से पानी बहता है, छीकें अधिक आती हैं।
10. आँखें लाल रहती हैं, आँखों में कीचड़ आती है।
11. ज्वर के तीसरे चौथे दिन मुँह के भीतरी भाग, चेहरा और कान के पीछे दाने निकल आते हैं।

उपचार

1. लगभग 7 दिनों तक अन्य बालकों से अलग रखें।
2. बच्चे को पूर्ण विश्राम करने दें। खेलने व स्कूल न जाने दें।
3. रोगी के वस्त्र, बर्तन तथा अन्य सामग्री अलग रखें।
4. रोगी के श्वसन मार्ग से निकले सभी पदार्थों को जलाकर नष्ट कर दें।
5. रोगी को दाने खुजलाने न दें।
6. रोगी को तीव्र प्रकाश से बचायें।
7. स्वच्छता पर विशेष ध्यान दें।
8. रोग ठीक होने पर रोगी के प्रयोग में लाया गया सभी सामान अच्छी तरह विसंक्रमित कर लें।
9. रोग का संदेह होने पर ही रोगी व्यक्ति को तुरंत अलग कर देना चाहिये।
10. रोगी को साफ हवादार कमरे में लिटायें।
11. रोगी को हल्का व सुपाच्य भोजन दें।

12. पानी को उबाल कर पिलायें।
13. रोगी को गर्म कपड़ों से ढ़ँककर रखें तथा हवा से बचायें।

कुकर खाँसी (Whooping Cough)

कुकर खाँसी श्वसन मार्ग का अत्यंत उग्र और संक्रामक रोग है जो सामान्य रूप से शिशुओं तथा 5 वर्ष तक के बच्चों को अधिक होता है। शिशुओं की 70 प्रतिशत मृत्यु इसी रोग से होती है। इस रोग की प्रमुख पहचान दमतोड़ खाँसी है। खाँसी के साथ-साथ अजीब सी तेज आवाज होती है। हैमाफिलिस परटूसिस जीवाणु द्वारा इसका प्रसार होता है।

लक्षण

1. खाँसते-खाँसते आँखें लाल हो जाती हैं, वमन हो जाता है और चेहरा नीला पड़ जाता है।
2. खाँसी के बाद अत्यधिक शारीरिक कमजोरी हो जाती है।
3. बच्चों को खाँसते-खाँसते मल-मूत्र त्याग हो जाता है। कभी-कभी आँत भी उतर जाती है।
4. प्रारंभ में जुकाम व गले में दर्द और खाँसी की शिकायत।
5. शरीर का तापमान 100 से 102 डिग्री फारेनहाइट तक हो जाता है।
6. खाँसी तीव्र हो जाती है और एक खास तरह की सूखी दमतोड़ खाँसी आती है।

उपचार

1. रोगी को मुँह पर रूमाल रखकर खाँसना चाहिये तथा दूर से बात करना चाहिये।
2. रोगी का सभी सामान अलग कर देना चाहिये।
3. रोगी को स्वच्छ खुले हवादार कमरे में रखना चाहिये तथा पूर्ण विश्राम करने देना चाहिये।
4. रोगी के ठीक होने पर सभी वस्तुओं को अच्छी तरह विसंक्रमित करना चाहिये।
5. रोग के ठीक होने के बाद भी एक सप्ताह तक स्वस्थ व्यक्तियों से पृथक रखना चाहिये।
6. रोगी को 6 सप्ताह तक पृथक् रखना चाहिये।
7. स्कूली बच्चों को स्कूल नहीं भेजना चाहिये।
8. रोगी का ठण्ड से बचाव रखना चाहिये।
9. हल्का तरल व सुपाच्य भोजन देना चाहिये। चिकनाई युक्त पदार्थों से परहेज रखना चाहिये।
10. रोगी के बलगम, वमन आदि को नष्ट कर देना चाहिये।

डिफ्थीरिया (Diptheria)

डिफ्थीरिया वायुजनित संक्रामक रोग है जो अधिकांशतः 5 से 10 वर्ष के बच्चों को होता है। इसे गलाघोंटू के नाम से भी जाना जाता है। इस रोग का प्रसार 'कॉर्नीबैक्टीरियम डिफ्थीरी' जीवाणु के द्वारा होता है। यह जीवाणु ग्रसनी, नाक तथा स्वर यंत्र पर प्रभाव डालते हैं। इस रोग का जीवाणु रोगी या रोगवाहक व्यक्ति से, बिन्दुक संक्रमण से तथा रोगी व्यक्ति की वस्तुओं जैसे–रूमाल, तौलिया, बर्तन, खिलौने आदि तथा अन्य प्रयोग में आने वाली वस्तुओं से स्वस्थ व्यक्ति तक पहुँचते हैं।

लक्षण

1. धीरे-धीरे यह झिल्ली ग्रीवा पर फैलकर ग्रसनी या नाक की ओर बढ़ने लगती है।

2. गले पर सूजन आ जाती है तथा भोजन को निगलने में कठिनाई होती है।
3. गले में सूजन के साथ ही ज्वर की शिकायत रहती है। ज्वर सामान्यतः 100 डिग्री फा. तक ही रहता है।
4. रोग की तीव्रता पर नाक भी प्रभावित हो जाती है। नाक से गंधयुक्त रक्त मिश्रित तरल स्राव निकलता है।
5. प्रारम्भिक अवस्था में बालक में सुस्ती के लक्षण प्रकट होते हैं तथा सिरदर्द व जी मिचलाता है।
6. भोजन के प्रति अरुचि प्रदर्शित करता है।
7. गले में दर्द की शिकायत रहती है क्योंकि ग्रीवा पर भूरी झिल्ली बनने लगती है।

उपचार

1. रोगी के गले में आराम पहुँचाने के लिये गुनगुने पानी में कोई भी ऐन्टीसेप्टिक लोशन डालकर गरारे कराने चाहिये।
2. रोगी बच्चे के नाक व गले द्वारा विसर्जित पदार्थों को खुला नहीं फेंकना चाहिये। जलाकर नष्ट कर देना चाहिये।
3. रोगी को यह बताना चाहिये कि वह खाँसते व छींकते समय मुँह पर रूमाल रख लें।
4. रोग ठीक होने के बाद बच्चे के कपड़े, बर्तन, खिलौने आदि सभी वस्तुओं को अच्छी तरह विसंक्रमित कर लेनी चाहिये।
5. सभी नवजात शिशुओं को जन्म के बाद तीसरे, चौथे व पाँचवें माह में डी.पी.टी. का टीका निर्धारित समय पर लगवा देना चाहिये।
6. रोग की संभावना होने पर तुरंत ही बच्चे को चिकित्सक के पास ले जाना चाहिये।
7. रोग की अवधि तक बच्चे को अन्य बच्चों से पृथक स्वच्छ हवादार कमरे में रखना चाहिये।

फ्लू (Influenza)

इसे फ्लू के नाम से भी जाना जाता है। यह श्वसन मार्ग द्वारा संक्रमित होने वाली तीव्र संक्रामक बीमारी है। यह अधिकांशतः महामारी के रूप में फैलती है। इस रोग का वाहक जीवाणु 'इन्फ्लूऐंन्जा वायरस' है। वायु द्वारा, बिन्दुक संक्रमण तथा रोगी व्यक्ति की वस्तुओं द्वारा इसका प्रसार होता है।

लक्षण

1. गले में दर्द, छींके, नाक से स्राव तथा खाँसी की शिकायत रहती है।
2. कभी-कभी उल्टी, पेटदर्द तथा जी मिचलाने की शिकायत भी हो जाती है।
3. रोग के प्रारंभ में कमजोरी, सिर दर्द, शरीर दर्द तथा खाँसी-जुकाम के लक्षण प्रकट होते हैं।
4. कँपकँपी के साथ तेज ज्वर आता है जो 101 डिग्री फा. से 103 डिग्री फा. तक रहता है और 1 से 6 दिन तक रहता है।

उपचार

1. रोगी को यह सलाह देनी चाहिये कि वह खाँसते, बोलते और छींकते समय मुँह व नाक पर रूमाल रखें।
2. रोगी की व्यक्तिगत स्वच्छता पर पर्याप्त ध्यान देना चाहिये जिससे अन्य जटिलतायें न हों।
3. रोगी की सेवा करने वाले व्यक्तियों को भी संक्रमण रोकथाम के लिये एण्टीबायोटिक औषधियाँ ले लेनी चाहिये।

4. जब यह रोग महामारी के रूप में फैले तो भीड़-भाड़ वाले तथा सार्वजनिक स्थानों पर नहीं जाना
    चाहिये ।
5. रोगी को अलग स्वच्छ हवादार कमरे में रखना चाहिये ।
6. यह रोग महामारी के रूप में फैलता है अतः रोग होने की सूचना तुरंत स्वास्थ्य अधिकारी को देनी
    चाहिये ।
7. रोगी के प्रयोग की सभी वस्तुओं का अलग रखना चाहिये ।

तपेदिक (Tuberculosis)

तपेदिक एक विश्वव्यापी जनस्वास्थ्य समस्या है जो शहरों व गाँवों दोनों जगह पर समान रूप से व्याप्त
है । इसे क्षयरोग भी कहते हैं क्योंकि इससे शरीर की कोशिकाओं का क्षय होता है । माइक्रोबैक्टीरियम
ट्यूबरकुलोसिस से इसका प्रसार होता है ।

लक्षण

1. रोगी के सीने में दर्द रहता है ।
2. प्रारंभ में सूखी खाँसी आती है फिर बलगम युक्त खाँसी आती है ।
3. बलगम गाढ़ा और रक्तयुक्त होता है ।
4. बार-बार खाँसी आने से श्वाँस गति तेज हो जाती है तथा श्वाँस लेने में कठिनाई होती है ।
5. यह रोग धीरे-धीरे प्रारंभ होता है । प्रारंभ में सामान्य कमजोरी, थकान, भूख में कमी आदि
    लक्षण प्रकट होते हैं ।
6. रोगी को हल्का बुखार बना रहता है जो शाम के समय अधिक हो जाता है ।
7. रात्रि में पसीना अधिक आता है ।
8. नाड़ी की गति तेज रहती है ।
9. शरीर के भार में निरंतर कमी आती जाती है ।

उपचार

1. रोगी को चिकित्सक के परामर्शानुसार नियमित दवा देनी चाहिये ।
2. रोगी को प्रोटीन, कैल्शियम तथा विटामिन ए, डी और सी युक्त आहार देना चाहिये ।
3. रोगी के रूमाल, तौलिये आदि को प्रतिदिन विसंक्रमित करना चाहिये ।
4. रोग से बचाव हेतु जन्म के बाद सभी बच्चों को वी.सी.जी. का टीका लगवाना चाहिये ।
5. रोग की आशंका होते ही रोगी की शीघ्र जाँच करानी चाहिये ।
6. रोगी को स्वच्छ, हवादार प्रकाशयुक्त कमरे में रखनी चाहिये ।

टायफाइड (Typhoid)

मियादी बुखार, मोतीझल्ला आदि इसके प्रमुख नाम हैं । यह बीमारी भी हर आयु वर्ग को हो सकती
है तथा सही समय पर उपचार के अभाव में जानलेवा भी हो सकती है । सालमोनेल्ला टाइफी नामक
जीवाणु इसका वाहक है ।

लक्षण

1. पेट में हल्का दर्द होना, बीमारी बढ़ने पर पूरे पेट से तेज दर्द होना ।

2. लिवर, तिल्ली तथा पित्ताशय में सूजन आ जाना।
3. चेहरा सफेद पड़ जाना।
4. कुछ रोगियों के पेट व सीने के निचले हिस्से में बहुत छोटे-छोटे मोती की तरह चमकते दानों पड़ जाना।
5. अचानक बुखार आ जाना। प्रारंभ में यह 101 डिग्री फा. 102 डिग्री फा. तक रहता है। दूसरे सप्ताह में बढ़कर 104 डिग्री फा. तक पहुँच जाता है।
6. कुछ अच्छा न लगना।
7. उल्टी होना, दस्त आना व बाद में कब्ज हो जाना।
8. सिरदर्द, बदन दर्द व हल्की खाँसी रहना।

उपचार

1. सही समय पर टीकाकरण करवायें। टायफाइड का टीका 2 साल के बाद हर तीन साल के अंतराल पर दिया जाता है।
2. स्वच्छ भोजन व जल का प्रयोग करें।
3. व्यक्तिगत स्वच्छता को महत्त्व दें।
4. रोगी को हल्का तथा सुपाच्य भोजन दें।
5. जब तक रोगी ठीक न हो जाये नियमित उपचार करवायें।
6. बच्चों में स्वच्छता सम्बन्धी आदतों का विकास करें। शौच के बाद तथा खाने से पूर्व हाथों को अच्छी तरह धोकर साफ करें।
7. खाना पकाने वाले, खाना परोसने वाले व बच्चों को हाथ से खाना खिलाने वाले लोग अपने नाखूनों को बढ़ाकर न रखें।
8. रोगी को अन्य लोगों से अलग रखें जब तक कि उसके मल-मूत्र की जाँच से यह ज्ञात न हो जाये कि उसमें जीवाणु निकलना बंद हो गये हैं।
9. जैसे ही यह ज्ञात हो जाये कि अमुक व्यक्ति जीवाणु वाहक है उससे न तो खाना बनवायें न ही परोसने को कहें।
10. मरीज को खुले स्थान पर शौच न करायें।

पोलियो (Polio)

पोलियो बच्चों को अपाहिज कर देने वाली बीमारी है। पोलियो एक विषाणुजन्य रोग है। इसका विषाणु मनुष्य की आँतों में पनपता है। आँत से यह खून में जाकर बच्चों के केन्द्रिय तंत्रिका तंत्र में संक्रमण करता है जिसके पश्चात पोलियो हो सकता है। कुछ बच्चे तो हल्की बीमारी और तुरंत उपचार से ठीक हो जाते हैं किंतु अधिकाशतः जीवन भर के लिये अपाहिज हो जाते हैं। इसका जीवाणु पोलियो वायरस है।

उपचार

1. रोगी के वस्त्र, खिलौने, खाने-पीने के बर्तन आदि सभी अलग रखने चाहिये।
2. रोगी के मल-मूत्र तथा मुँह और नाक से निकले स्रावों को खुला नहीं फेंकना चाहिये।
3. यदि किसी बच्चे में पोलियो के संभावित लक्षण प्रकट हो तो उसे तुरंत चिकित्सक के पास ले जाना चाहिये स्वयं उसके हाथ-पैरों की मालिश नहीं करनी चाहिये।

4. इस रोग से बचाव का उपाय टीकाकरण है। प्रत्येक बच्चे को जन्म के तीसरे, चौथे और पाँचवें माह में पोलियो की खुराक दिलवानी चाहिये तथा निर्धारित अवधि पर दूसरी खुराक दी जानी चाहिये।
5. भोजन, जल और व्यक्तिगत स्वच्छता को महत्त्व देना चाहिये।
6. किसी बच्चे को यदि बुखार, सिर दर्द, जुकाम और गर्दन दर्द की तकलीफ हो तो तुरंत चिकित्सक को दिखाना चाहिये।

पीलिया (Jaundice)

यह तीव्र संक्रामक बीमारी है, जो यकृत को प्रभावित करती है। यह रोग सभी आयु वर्ग के लोगों को प्रभावित करता है। यह बीमारी रोगी के मल-मूत्र द्वारा प्रदूषित जल व भोजन के माध्यम से फैलती है।

लक्षण

1. 3-4 दिन बाद पेशाब का रंग पीला पड़ने लगता है।
2. पेशाब के रंग में परिवर्तन के 2-3 दिन बाद ही आँखें और त्वचा में पीलापन दिखायी देने लगता है।
3. यकृत सूज जाता है, दबाने पर दर्द होता है।
4. मल सफेद रंग का होता है।
5. इसकी शुरूआत ज्वर से होती है। ज्वर 90 डिग्री फा. से 104 डिग्री फा. तक रहता है।
6. सिरदर्द, बेचैनी रहती है।
7. जी मिचलाता है, उल्टियाँ होती हैं और खाने से मन पूरी तरह उचट जाता है।

उपचार

1. भोजन पकाने से पहले, खाने से पहले और शौच के बाद हाथ साबुन या राख से रगड़कर धोयें।
2. खाना पकाने और परोसने वालों के हाथों के नाखून भली-भाँति कटे और साफ हों।
3. भोजन सदैव ढककर रखें जिससे वह धूल, मिट्टी, मक्खी, मच्छर आदि के सम्पर्क में न आये।
4. जहाँ तक संभव हो गर्मी और बरसात में बाजार की वस्तुयें न खायें।
5. व्यक्तिगत स्वच्छता तथा घर की स्वच्छता पर ध्यान दें जिससे संक्रमण न हो।
6. रोगी को अन्य व्यक्तियों से अलग रखें।
7. रोगी के मल मूत्र, वमन आदि को खुला न फेंके।
8. पानी को उबाल कर पियें।
9. रोगी के आहार पर ध्यान दें, चिकनाईयुक्त चीजें न दें। दालों तथा मलाई रहित दूध व दही अधिक दें जिससे पर्याप्त प्रोटीन मिले। फलों का रस दें।

हैजा (Cholera)

हैजा दूषित जल द्वारा संवाहित होने वाला तीव्र संक्रामक रोग है। यह रोग सभी आयु वर्ग के लोगों को हो सकता है। समय-समय पर यह महामारी का रूप ले लेता है।

लक्षण

1. प्यास अधिक लगती है।
2. शरीर का तापमान सामान्य से कम हो जाता है।
3. आँखों के नीचे काले निशान बन जाते हैं। आँखें अंदर की ओर धँस जाती हैं।
4. समुचित उपचार न मिलने पर रोगी की मृत्यु भी हो जाती है।
5. रोग के प्रारंभ उल्टी व दस्त से होता है। रोगी को उल्टी पर उल्टी होती है।
6. दस्तों का रंग चावल के माँड़ के समान सफेद होता है। रोगी को दिन में कम से कम 25 से 30 बार तक दस्त आते हैं।
7. लगातार उल्टी व दस्त से रोगी के शरीर में पानी की कमी हो जाती है जिससे हाथ-पैर ठण्डे हो जाते हैं।
8. पेट में दर्द होता है।

उपचार

1. दूध भी अच्छी तरह उबाल कर पीना चाहिये।
2. गर्मी के दिनों में कोई भी खाद्य पदार्थ जो थोड़ा-सा खराब हो जाये उसे प्रयोग में नहीं लाना चाहिये।
3. यदि घर में किसी को रोग हो गया है तो तुरंत चिकित्सक को दिखाना चाहिये।
4. रोगी की व्यवस्था अलग स्वच्छ हवादार कमरे में करनी चाहिये।
5. रोगी के मल-मूत्र और वमन को ढ़क्कनदार पात्रों में रखना चाहिये तथा खुला नहीं फेंकना चाहिये।
6. रोगी के कमरे को प्रतिदिन फिनायल या अन्य किसी विसंक्रामक पदार्थ से धोकर साफ करना चाहिये।
7. रोगी के वस्त्रों, खाने-पीने के बर्तनों तथा अन्य प्रयोग में आने वाली वस्तुओं को प्रतिदिन विसंक्रमित करना चाहिये।
8. रोगी की सेवा करने वाले व्यक्ति को अपने हाथों को साबुन से अच्छी तरह धोकर फिर विसंक्रमित घोल से साफ करना चाहिये।
9. रोगी को पानी अधिक मात्रा में पीने को देना चाहिये।
10. जैसे ही यह ज्ञात हो कि रोग महामारी के रूप में फैल रहा है तो तुरंत ही सुरक्षात्मक उपाय के रूप में टीका लगवा लेना चाहिये।
11. घर की सफाई और व्यक्तिगत स्वच्छता पर ध्यान देना चाहिये।
12. सड़े-गले फलों, बासी भोजन तथा गंदे पानी का प्रयोग नहीं करना चाहिये।
13. फल और सब्जियों को पोटैशियम परमेगनेट से धोकर प्रयोग में लाना चाहिये।
14. हैजे के प्रकोप के समय बाजार की मिठाई, कटे फल, कुल्फी, आइसक्रीम आदि नहीं खानी चाहिये।
15. गर्मी के मौसम में अधिक गरिष्ठ भोजन नहीं लेना चाहिये।

मलेरिया (Malaria)

मलेरिया मादा एनाफिलीज मच्छर के काटने से फैलता है।

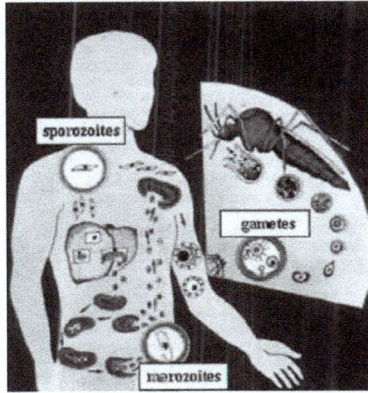

लक्षण

1. ज्वर की अवस्था में शरीर में तीव्र पीड़ा होती है।
2. पसीना अधिक आने से प्यास अधिक लगती है।
3. ज्वर प्रतिदिन, दूसरे दिन या हर तीसरे दिन आता है।
4. चूँकि इस रोग के जीवाणु यकृत में वृद्धि करते हैं इसलिये धीरे-धीरे यकृत की कार्यक्षमता घटने लगती है।
5. रक्त में लाल कणों की संख्या घटने लगती है।
6. रोगी दिन प्रतिदिन और अधिक कमजोर होता जाता है।
7. रोग का प्रारंभ सामान्य कमजोरी, हाथ-पाँव में दर्द तथा सिर दर्द से होता है।
8. ठण्ड के साथ तीव्र ज्वर आता है जो 103 डिग्री फारेनहाइट तक पहुँच जाता है।
9. ज्वर की अवस्था में रोगी का चेहरा लाल हो जाता है।

उपचार

1. यदि घर में किसी को रोग हो गया है तो तुरंत स्वास्थ्य अधिकारी को सूचित करना चाहिये।
2. रोगी के रक्त की जाँच कराना चाहिये।
3. जब तक रोगी ठीक न हो जाये उसे पूर्ण आराम देना चाहिये।
4. रोगी को चिकित्सक के परामर्शानुसार नियमित रूप से दवा देनी चाहिये।
5. रोगी को हल्का और सुपाच्य भोज्न देना चाहिये।
6. मलेरिया रोग से बचाव हेतु घर तथा आस-पास की स्वच्छता पर ध्यान देना चाहिये।
7. घर में तथा आस-पास मच्छर कम हों ऐसे उपाय करने चाहिये।
8. घर में तथा घर के आस-पास ऐसे गड्ढे हों जहाँ पानी एकत्रित हो जाता हो उन्हें भरवा देना चाहिये।
9. समय-समय पर घर में कीटनाशक पदार्थों का छिड़काव करना चाहिये।
10. सोते समय मच्छरदानी का प्रयोग करना चाहिये।
11. सोते समय शरीर के खुले भागों पर सरसों का तेल लगाना चाहिये।
12. घर की समस्त नालियाँ पक्की और ढलान युक्त होनी चाहिये।

13. कूलर का पानी नियमित बदलते रहना चाहिये।

फाइलेरिया (Filariasis)

फाइलेरिया भी मच्छरों द्वारा संचारित रोग है। सभी आयु वर्ग के व्यक्ति इससे प्रभावित हो सकते हैं।

लक्षण

1. रोग का प्रारंभ हल्के ज्वर से होता है।
2. प्रभावित अंगों में सूजन आ जाती है विशेष रूप से हाथ अथवा पैर में।

उपचार

1. घर में तथा घर के आस-पास पानी एकत्रित नहीं होने देना चाहिये।
2. घर के विभिन्न भागों में समय-समय पर डी.डी.टी. का छिड़काव कराना चाहिये।
3. कमरे के अंदर पानी में मनीप्लांट नहीं लगाना चाहिये।
4. कूलर का पानी समय-समय पर बदलते रहना चाहिये।
5. यदि किसी को रोग हो गया है तो खून की जाँच करा कर उचित उपचार कराना चाहिये।
6. बचाव हेतु सोते समय मच्छरदानी का प्रयोग करना चाहिये।
7. घर में तथा घर के आस-पास मच्छरों से बचाव के उपाय करने चाहिये।
8. घर के खिड़की व दरवाजे जालीदार होने चाहिये।

डेंगू (Dengue)

डेंगू रोग भी मच्छरों के काटने से होता है। डेंगू के वाहक मच्छर ईडीज ईजिप्टाई कहलाता है। भारतवर्ष में यह रोग समय-समय पर स्थानिक रूप से फैलता है।

लक्षण

1. ज्वर आने के 1-2 दिन बाद मुँह, गर्दन, छाती व बगलों के आस-पास दाने निकल आते हैं।
2. दाने निकल आने पर ज्वर की तीव्रता कम हो जाती है।
3. 12 से 14 घण्टों में ज्वर पुनः तीव्र हो जाता है। तीव्र ज्वर की यह अवधि कम से कम 7 दिन बनी रहती है।
4. प्रारंभ में हल्की सर्दी या कँपकँपी से ज्वर आता है जो 103 डिग्री फा. से 105 डिग्री फा. तक हो जाता है।
5. ज्वर आने पर हाथ-पाँव, कमर तथा सिर में तीव्र पीड़ा होती है।

उपचार

1. रोगी को अच्छे चिकित्सक को दिखाकर समुचित उपचार करना चाहिये।
2. मच्छरों से बचाव के समुचित उपाय करने चाहिये।
3. रोगी व्यक्ति रोगवाहक होता है अतः उसे भी मच्छरों के काटने से बचाये रखना चाहिये।

टिटनेस (Tetanus)

टिटनेस त्वचा द्वारा संवाहित होने वाला रोग है। क्लास्ट्रीडियम टिटैनी इस रोग को उत्पन्न करने वाला प्रमुख जीवाणु है जो जानवरों की आँतों और उनके मल-मूत्र से जमीन में पाये जाते हैं। ये जीवाणु ऑक्सीजन की अनुपस्थिति में भी जीवित रहने की क्षमता रखते हैं और तीव्र विष उत्पन्न करते हैं।

लक्षण

1. मुँह के बाद गर्दन, कमर व पेट की माँसपेशियों में ऐंठन होने लगती है जिससे रोगी का शरीर धनुषाकार हो जाता है।
2. रोग की तीव्रता तथा समुचित उपचार के अभाव में रोगी की मृत्यु हो जाती है।
3. रोग के जीवाणु शरीर में विष उत्पन्न करते हैं जो तंत्रिकाओं को प्रभावित करता है जिससे माँसपेशियों में दर्द के साथ तीव्र संकुचन होता है।
4. सर्वप्रथम जबड़े की माँसपेशियों में संकुचन होता है जिससे रोगी मुँह नहीं खोल पाता है।

उपचार

1. माँसपेशियों के तनाव को रोकने के लिये रोगी को पौट ब्रोमाइड मिक्चर पिलाना चाहिये।
2. गुदा मार्ग से पैराल्डिहाइड का घोल देना चाहिये। इससे बेचैनी दूर होती है और नींद आती है।
3. रोगी का मुँह न खुलने पर गुदा मार्ग या नाक द्वारा तरल आहार देना चाहिये।
4. भोजन के रूप में ग्लूकोज, अण्डा, दूध, माँस का शोरवा और फलों का रस देना चाहिये।
5. घाव हो तो साफ पट्टी बाँधनी चाहिये।
6. जब भी शरीर के किसी भाग पर चोट लगे या जल गया हो तो टिटनेस का टीका लगवाना चाहिये।
7. गर्भवती महिलाओं को गर्भ के 16 से 36 सप्ताहों में टिटनेस का एक टीका और यदि पहले टीका न लगा हो तो दो टीके लगवाने चाहिये।
8. बच्चों को बचपन में ही टिटनेस का प्रतिरक्षात्मक टीका लगवाना चाहिये।
9. जो व्यक्ति ऐसे कार्य करते हैं जिनमें अधिकतर चोट लगने का खतरा रहता है। उन्हें प्रत्येक पाँचवें वर्ष टीका लगवाना चाहिये।
10. शरीर में चोट आदि लग जाने पर उसे तुरंत एण्टीसेप्टिक लोशन से साफ करना चाहिये।
11. घाव को गंदे हाथों से नहीं छूना चाहिये तथा खुला नहीं रखना चाहिये।

4

नवजात शिशु की मूल आवश्यकताएँ

शिशु को कम से कम लोग छुएं, सम्भव हो तो शिशु को छूने से पहले अच्छी तरह से साबुन से हाथ धो लें उसके कमरे में जाने वालों की संख्या भी कम हो।

ठंड से बचाव–नवजात शिशु का शरीर, विशेषतः मस्तिष्क ठंड के लिए अति संवेदनशील होता है। अतः यह आवश्यक है प्रसूति तुरन्त बाद से नवजात शिशु को ठंड से बचाने का विशेष ध्यान रखना चाहिए। प्रसव के तुरन्त बाद नवजात शिशु को एक सूखे सूती कपड़े से साफ कर अच्छी तरह से ढक कर रखें । प्रयास रहे की प्रसूति कक्ष का तापमान ठंडा न हो। यदि प्रसूति कक्ष का तापमान कम हो तो शिशु को कम्बल से ढ़ककर उसके पास हीटर या वार्मर रखें। यदि नवजात शिशु के कमरे में वार्मर या हीटर का प्रयोग करते हैं तो ध्यान रखें कि अत्यधिक गर्मी से शिशु जलने न पाये। घर पर भी विशेषतः ठण्ड के दिनों में इस बात का ध्यान रखें कि नवजात शिशु का कमरा प्रायः बन्द रहे एवं शिशु के कमरे का तापमान लगभग 26 से 30 डिग्री सेल्सियस के आस-पास हो।

स्तनपान–जन्म के पश्चात शीघ्रातिशीघ्र स्तनपान प्रारम्भ करें। प्रथम प्रसव के पश्चात दूध आने में कुछ समय लगता है परन्तु इस हेतु प्रयास प्रारम्भ कर दें। शिशु को स्तनपान कराने के पूर्व स्तनों को अच्छी तरह से साफ कर लें।

बॉटल फीडिंग–यथा सम्भव शिशु को पहले 5-6 माह तक स्तनपान ही कराएँ। विशेष परिस्थितियों जहाँ ऊपरी दूध देना आवश्यक हो तो कुछ विशेष बातों का ध्यान रखें। बॉटल में जमे हुए दूध में

कीटाणुओं के विकसित होने का खतरा अधिक रहता है। इस कारण यह देखा गया है कि जो बच्चे बॉटल के दूध पर पलते हैं, उनके बीमार पड़ने का खतरा अधिक रहता है। अतः यह आवश्यक है कि दूध पिलाने के पहले बॉटल को साबुन एवं ब्रश के द्वारा अन्दर तक साफ करें। निप्पल को पलट कर साफ करें एवं बॉटल एवं निप्पल को लगभग 20 मिनट से आधे घंटे तक अच्छी तरह धोने के बाद उबाल लें। यथा सम्भव स्टील की कटोरी-चम्मच का उपयोग करें। यदि ताजा दूध लेते हैं तो उसे अच्छी तरह से उबालने के बाद ही उपयोग करें। यदि आप डिब्बे बन्द दूध पाउडर का उपयोग करते हैं तो डिब्बे में दिये हुए निर्देशानुसार ही पाउडर की मात्रा का उपयोग करें। यदि दूध पाउडर की मात्रा कम मिलाएगे तो बच्चे को समुचित आहार नहीं मिलेगा एवं उसका विकास अवरुद्ध हो जाएगा।

अनाज खिलाना कब प्रारम्भ करें–5-6 माह की उम्र के आस-पास बच्चे को ऊपरी भोजन देना प्रारम्भ करना चाहिए। क्योंकि बच्चे के विकसित होते शरीर को अधिक भोजन की आवश्यकता होती है एवं समय के साथ माँ से मिलने वाले दूध की मात्रा कम हो जाती है। अतः आवश्यक है कि 5-6 के माह के आस-पास ऊपरी भोजन प्रारम्भ कर धीरे-धीरे उसकी मात्रा बढ़ाते जायें।

नवजात शिशु की देखभाल कैसे करें?

नवजात शिशु विशेष तौर से रोगों के प्रति असुरक्षित होते हैं। यदि परिवारों द्वारा सरल व्यावहारिक उपाय अपनाए जाएँ तो रोगों का निवारण और नवजात की मौत को रोका जा सकता है। प्रसव पूर्व अवधि के दौरान गर्भवती महिलाओं को टिटेनस टॉक्साइड का इंजेक्शन दिया जाना चाहिए। यह माता और नवजात में टिटेनस की रोकथाम करने के लिए जरूरी है। गर्भावस्था के दौरान कम से कम तीन बार जाँच अवश्य कराएँ।

1. माताओं को प्रसव स्वास्थ्य केंद्र में ही करवाना चाहिए।
2. शिशु को बहुत सारे व्यक्ति न उठाएँ। शिशु को भीड़-भाड़ के स्थानों पर नहीं ले जाना चाहिए। अतिसार और खाँसी जैसे संक्रामणों से ग्रस्त लोगों को बच्चे को नहीं उठाने दिया जाना चाहिए।
3. नवजात शिशु को सदा गर्म रखा जाना चाहिए। छोटे बच्चे अपने शरीर के तापमान को बनाए नहीं रख सकते हैं। यदि उनको देखरेख के बिना छोड़ा जाए तो उनको तेजी से ठण्ड लग जाएगी और वे हाइपोथर्मिया से मर सकते हैं।
4. जैसे ही शिशु का जन्म हो उसे सूती कपड़े से पोंछना चाहिए। प्रसव के पश्चात सिर की त्वचा को तेजी से सुखाना विशेष तौर पर महत्त्वपूर्ण है। प्रसव के पश्चात् बच्चे को स्तनपान करवाने से भी शिशु को गर्म रखने में सहायता मिलेगी।
5. शिशु को हवा के झोंकों से बचाकर रखना चाहिए, शिशु को पंखे के नीचे और कूलर के सामने नहीं रखा जाना चाहिए। शिशु को रखे जाने वाले कमरे को काफी गर्म रखा जाना चाहिए।
6. जब शिशु बीमार होता है तो अधिकतर माताएँ पहचान सकती है। कुछ में तो चिकित्सा सहायता लेना चाहिए, क्योंकि नवजात की दशा बहुत जल्दी ही खराब हो जाती है। यदि शिशु में कोई खतरे के चिह्न दिखाई दे तो उसे तत्काल ही स्वास्थ्य केंद्र में ले जाया जाना चाहिए।

नवजात शिशु की प्रमुख आवश्यकताएँ
1. भोजन, वस्त्र, विश्राम और निद्रा
2. व्यायाम और मालिश, व्यक्तिगत स्वच्छता और स्नान।

आहार (Food)

भोजन हर प्राणी की प्राथमिक आवश्यकता है, जो जीवन रक्षा के लिये बहुत जरूरी है। नवजात शिशु को नाल छेदन के बाद जब माँ से पृथक कर दिया जाता है तो वह स्वतंत्र जीव का रूप ले लेता है और उसी समय से वह अपनी भोजन की आवश्यकता को महसूस करने लगता है। प्रकृति ने प्राकृतिक रूप से ही इस आवश्यकता की पूर्ति की व्यवस्था कर दी है। माँ के स्तनों में गर्भाधान के बाद से ही दुग्ध निर्माण की प्रक्रिया शुरू हो जाती है जिससे जन्म के बाद शिशु शीघ्र ही माँ के स्तनपान द्वारा शिशु की भोजन सम्बन्धी आवश्यकता को संतुष्ट कर दिया जाता है। इसके अलावा नवजात शिशु जो कि असहाय होता है, उसमें जन्म से ही चूसने तथा निगलने की स्वाभाविक प्रवृत्ति पायी जाती है जिससे वह स्तनपान द्वारा अपनी भूख को शांत कर लेता है। लेकिन कुछ विशेष परिस्थितियों में जब शिशु को स्तनपान नहीं कराया जा सकता है तो बाहरी दूध से शिशु की भोजन की आवश्यकता को पूरा किया जाता है। शिशु के समुचित विकास और जीवन रक्षा के लिए भोजन परम आवश्यक है।

नवजात के मलत्याग पर रखें नजर

जन्म के पहले कुछ दिनों तक बच्चा गहरे, लगभग काले रंग (मिकोनियम) का मलत्याग करता है। यह उसकी आँतों में गर्भ में रहने के दौरान जमा हो जाता है। तीसरे दिन से बच्चे का मल हल्के रंग का होने लगता है। पाँचवें दिन से मल का रंग स्तनपान करने वाले शिशु के समान हो जाता है। इसका अर्थ यही है कि बच्चे को पर्याप्त मात्रा में माँ का दूध मिल रहा है। मल हल्का हरा या नारंगी जैसा दिखता है। जिस बच्चे को ऊपरी दूध पर रखा जाता है, उसके मल के रंग में फर्क आता है। देखा गया है कि स्तनपान करते समय बच्चे मलत्याग कर देते हैं। जिन बच्चों को पर्याप्त मात्रा में माँ का दूध नहीं मिल रहा है, उनके मल का रंग भूरा होता है।

वस्त्र

वस्त्र प्राणी की मूल आवश्यकताओं में से एक है। वस्त्र पहनने का मुख्य प्रयोजन सर्दी, गर्मी तथा अन्य हानिकारक प्रभावों से शरीर की रक्षा करना है। नवजात शिशु जो कि बहुत ही कोमल होता है तथा जिसके शरीर का ताप स्थिर नहीं होता, उसकी स्वास्थ्य रक्षा की दृष्टि से वस्त्रों का महत्त्व और अधिक बढ़ जाता है। शरीर रक्षा के साथ-साथ रंग-बिरंगे वस्त्र शिशुओं को प्रसन्न करते हैं। अच्छी प्रकार से सिले हुये वस्त्र बच्चों के शारीरिक विकास में सहायता प्रदान करते हैं। अनुपयुक्त और बेढंगे वस्त्र शिशुओं के आसन को विकृत कर देते हैं। इसलिए शिशुओं के वस्त्र उपयुक्त और ढीले-ढाले होने चाहिये जिनमें वह सोते और खेलते समय अपने हाथ-पैरों को आसानी से हिला-डुला सकें। शिशुओं के वस्त्रों में दिखावा नहीं होना चाहिये। शिशु का वस्त्र शरीर को आराम पहुँचाने वाला, शरीर की रक्षा करने वाला एवं मौसम के अनुसार शरीर को गर्म तथा ठंडा रखने वाला होना चाहिये।

शिशु के वस्त्रों का चुनाव

शिशुओं के वस्त्रों का चुनाव करते समय निम्नलिखित बातों को ध्यान में रखना चाहिये–

1. शिशुओं के वस्त्रों में इलास्टिक का प्रयोग भी नहीं करना चाहिये। उसके स्थान पर डोरी डालनी चाहिये। इलास्टिक वाले वस्त्र रक्त प्रवाह में बाधा डालते हैं।
2. गर्मी में हल्के रंगों के वस्त्रों का चुनाव करना चाहिये तथा जाड़ों के लिये गहरे रंग के वस्त्रों का चुनाव करना चाहिये।
3. शिशुओं के जाड़ों के ऊनी वस्त्र कोमल, मुलायम तथा भार में हल्के होने चाहिये जिनमें सर्दी से बचाव भी हो तथा शिशु शरीर पर अत्यधिक भार न हो।
4. शिशुओं को सर्दी से बचाव के लिये बहुत अधिक वस्त्र नहीं पहनाने चाहिये। क्योंकि वस्त्रों का अधिक भार हो जाने से शरीर से पसीना अधिक निकलता है और बच्चा बेचैनी का अनुभव करता है क्योंकि पसीना निकलने से शरीर में पानी की कमी तथा तापमान में वृद्धि होती है।
5. शिशुओं को ऊनी कपड़े पहनाने से पूर्व पहले सूती वस्त्र पहनाने चाहिये। यदि ऊनी वस्त्र शिशु की त्वचा के सीधे सम्पर्क में आते हैं तो इससे शिशु की कोमल त्वचा को हानि होती है।
6. शिशुओं के लिये रासायनिक तंतुओं से निर्मित वस्त्रों का चुनाव भी नहीं करना चाहिये।
7. शिशु के लिये वस्त्रों का चुनाव मौसम के अनुकूल करना चाहिये। गर्मी के लिये सूती वस्त्रों का तथा शीत ऋतु के लिये ऊनी कपड़ों का चुनाव करना चाहिये।
8. शिशु के अंदर पहनने वाले वस्त्र सदैव सूती होने चाहिये क्योंकि ये शिशु स्वास्थ्य की दृष्टि से उपयुक्त रहते हैं। सूती वस्त्र आसानी से साफ हो जाते हैं, पसीने को आसानी से सोख लेते हैं तथा शरीर में वायु आवागमन को बनाये रखते हैं जिससे शिशु की कोमल त्वचा को हानि नहीं होती है।
9. शिशु के वस्त्र मुलायम व आरामदायक होने चाहिये।
10. शिशुओं के लिये कसे वस्त्रों का चुनाव नहीं करना चाहिये बल्कि उनके वस्त्र ढीले-ढाले व आरामदायक होने चाहिये।
11. शिशुओं के लिये बहुत महँगे वस्त्रों का चुनाव नहीं करना चाहिये क्योंकि शिशु इतनी तीव्र गति से वृद्धि करते हैं कि उनके वस्त्र बहुत जल्दी छोटे हो जाते हैं।

12. शिशुओं के वस्त्र पर्याप्त रूप से खुले हुये और आसानी से पहनाये जाने योग्य होने चाहिये।
13. शिशुओं के वस्त्रों में पीछे की ओर बटनों या जीप का प्रयोग नहीं करना चाहिये। वस्त्र सामने खुले हुए होने चाहिये।

शिशुओं के प्रतिदिन प्रयोग में आने वाले वस्त्र

1. तौलिया
2. रात्रि में पहनने के वस्त्र
3. बनियान
4. फ्राक व झबला
5. मोजा
6. टोपी।

शिशुओं के वस्त्रों की सिलाई करते समय ध्यान रखने योग्य बातें

1. शिशुओं के वस्त्रों में गला बड़ा रखना चाहिये जिससे पहनाने में सुविधा रहे।
2. शिशुओं के वस्त्रों में जिप, इलास्टिक आदि का प्रयोग नहीं करना चाहिये। यदि इलास्टिक डालनी है तो वह बहुत अधिक कसी नहीं होनी चाहिये।
3. जब शिशु घुटनों के बल चलने लगे तो उसके वस्त्र घुटनों से ऊँचे तथा कम फैला बनाने चाहिये जिससे वस्त्र पैरों में न फँसें।
4. शीत ऋतु के लिये इस प्रकार के वस्त्रों को बनाना चाहिये ताकि सम्पूर्ण शरीर ढँका रहे।
5. शिशुओं के वस्त्र उनके शारीरिक विकास को ध्यान में रखकर सिलवाना चाहिये। शिशुओं के वस्त्र इतने लम्बे और बड़े होने चाहिये कि वह कुछ समय तक पहन सकें। फ्रॉक, झबले आदि में नीचे एक दो मोड़ लगा देने चाहिये जिन्हें आवश्यकता पड़ने पर खोलकर बड़ा किया जा सके।
7. शिशुओं के वस्त्र अधिक कसे नहीं बनाने चाहिये अपितु इतने ढीले होने चाहिये कि उनमें अंगों का संचालन आसानी से हो सके। कसे वस्त्र रक्त संचार में बाधा डालते हैं।
8. शिशुओं के वस्त्रों में अधिक झालर, लेस, शो बटन आदि नहीं लगाने चाहिये। ये शिशु शरीर में चुभ सकते हैं।
9. शिशुओं के वस्त्र सदैव आगे से खुले बनाने चाहिये, पीछे से खुले नहीं।

शिशुओं को वस्त्र पहनाते समय ध्यान रखने योग्य बातें

1. जाड़े में बहुत अधिक मात्रा में वस्त्रों को नहीं पहनाना चाहिये।
2. जाड़ों में सिर पर ऊनी टोपा पहनाते समय नीचे सूती वस्त्र लगा देना चाहिये।
3. दूध पिलाते समय शिशुओं के गले में बिब बाँधनी चाहिये जिससे वस्त्र खराब न हों।
4. शिशु अवस्था से ही लंगोट बाँधकर जाँघिया पहनने की आदत का विकास करना चाहिये। शुरू से आदत पड़ जाने पर बालक स्वयं ही जाँघिया पहनने के लिये प्रेरित रहते हैं।
5. शिशुओं के वस्त्र दूध आदि गिर जाने से तथा मल मूत्र त्याग करने से जल्दी गंदे होते हैं, इसलिये दिन में कम से कम दो बार उनके वस्त्रों को बदलना चाहिये।

6. शिशुओं के वस्त्रों में सेफ्टीपिन का प्रयोग नहीं करना चाहिये।
7. शिशुओं के झबले और ऊनी मोजों की डोरी अच्छी तरह बाँध देनी चाहिये।
8. रात्रि में साफ-सुथरे, हल्के और ढीले-ढाले वस्त्र पहनाने चाहिये।
9. शिशु को अंदर बहुत अधिक कसे व लम्बे वस्त्र नहीं पहनाने चाहिये।

विश्राम और निद्रा

शरीर की समुचित वृद्धि और विकास के लिये संतुलित व पौष्टिक भोजन की जरूरत के समान ही पर्याप्त निद्रा भी जरूरी है। शिशुओं की वृद्धि ही निद्रा काल में होती है। आरंभ में एक दो महीने तक नवजात शिशु 20 से 22 घण्टे सोते हैं। केवल भूख लगने पर ही जागते हैं या बिस्तर और वस्त्र गीले हो जाने पर या अन्य कोई शारीरिक कठिनाई होने पर जागते हैं। आयु में वृद्धि के साथ-साथ निद्रा की मात्रा में कमी आती है और वे निश्चित समय पर ही सोते और जागते हैं। अगर शिशुओं को उचित निद्रा तथा विश्राम के लिये उपयुक्त शांत वातावरण तथा सुविधा प्राप्त नहीं होती है तो उनका स्वास्थ्य धीरे-धीरे गिरने लगता है जिससे शारीरिक और मानसिक विकास को आघात पहुँचता है। चार माह के शिशु को दिन में कम से कम बीस घण्टे जरूर सोना चाहिये। पाँच से सात माह की आयु में प्रतिदिन 17-18 घण्टे सोना पर्याप्त रहता है। जैसे-जैसे आयु बढ़ती जाती है शिशुओं की सोने की मात्रा कम होती जाती है।

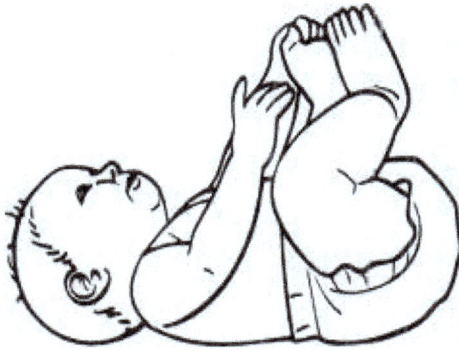

अतः शिशु की निद्रा और पर्याप्त विश्राम के लिये निम्नलिखित बातों पर ध्यान देना बहुत जरूरी है–

1. **मानसिक शांति**–शिशुओं को सम्पूर्ण दिन में बात-बात पर मानसिक रूप से उत्तेजित नहीं करना चाहिये। विशेष रूप से रात्रि में सोने से पूर्व उन्हें डरावनी चीजों का भय नहीं दिखाना चाहिए।
2. **सुलाने से पूर्व मल-मूत्र त्याग**–सुलाने से पूर्व शिशुओं को मल-मूत्र त्याग करवा देनी चाहिये क्योंकि मल-मूत्र त्याग करने पर रात्रि में नींद में बाधा उत्पन्न नहीं होती है।
3. **हल्की मालिश और व्यायाम**–4-5 माह का शिशु अपने हाथों-पैरों को चलाने लगता है और अंगों का संचालन करने लगता है। जिससे सम्पूर्ण दिन के बाद वह शारीरिक थकान का अनुभव करता है। इस थकान को दूर करने के लिए बच्चे की किसी तेल से हल्की मालिश करनी चाहिए।

4. **स्वच्छ एवं हवादार कमरा**–शिशु के सोने का कमरा स्वच्छ व हवादार होना चाहिये। मक्खी, मच्छर आदि से बचाव के लिये उसमें समय-समय पर फिनिट या डी. डी. टी. आदि का छिड़काव करते रहना चाहिये।
5. **आरामदायक बिस्तर**–बालक का बिस्तर पूर्णतः आरामदायक होना चाहिये। शिशु के ओढ़ने व बिछाने के वस्त्र मौसम के अनुसार व कोमल होने चाहिये जिससे शिशु की कोमल त्वचा को हानि न हो।
6. **पहनने के ढीले-ढाले वस्त्र**–शिशुओं को रात्रि में सोते समय ढीले-ढाले और कोमल वस्त्र पहनाने चाहिये। कसे वस्त्र नींद में रुकावट उत्पन्न करते हैं।
7. **सुपाच्य भोजन**–शिशुओं का रात्रि का भोजन हल्का व सुपाच्य होना चाहिये। गरिष्ठ भोजन अपाचन का कारण बनता है जिससे निंद्रा भंग होती है।

शिशुओं में अनिद्रा के कारण

1. अधिक सर्दी अथवा अधिक गर्मी हो।
2. घर में अधिक शोरगुल हो।
3. बिस्तर उपयुक्त न हो।
4. मल-मूत्र त्याग से वस्त्र गीले हो गये हों।
5. अचेतन मन में भय हो।
6. शिशु को अपच हो, अधिक मात्रा में दूध पी लेने से पेट भारी हो गया हो।
7. पर्याप्त मात्रा में दूध न मिलने से शिशु भूखा हो।
8. गर्मी के मौसम में शिशु प्यासा हो।
9. शिशु अस्वस्थ्य हो।

अनिद्रा को दूर करने के उपाय

1. शिशु का बिस्तर उपयुक्त शांतिमय वातावरण में लगायें।
2. शिशु के कक्ष में धीमा प्रकाश रखें।
3. सोते समय ढीले-ढाले वस्त्र पहनायें।
4. मल-मूत्र त्याग करने पर तुरंत वस्त्र बदल दें।
5. शिशुओं को समय पर आहार दें जिससे अपच न हो।
6. रात्रि में सोने से 1-2 घण्टे पूर्व भोजन दे दें।
7. डर दिखाकर बच्चे के अचेतन मन में भय पैदा न करें बल्कि सोते समय उसे प्यार व पर्याप्त स्नेह दें जिससे सामाजिक सुरक्षा के अहसास व स्नेह के कारण वह चैन से सोये।
8. शिशुओं के सोने के समय में नियमितता लायें। कभी-कभी मातायें शिशुओं को दिन में अधिक देर तक सुलाती हैं, जिससे वे रात्रि में समय पर नहीं सोते हैं।

व्यायाम एवं मालिश (Exercise and Massage)

शिशुओं के शारीरिक विकास में व्यायाम और मालिश का बहुत महत्त्व होता है। इससे रक्त संचार बढ़ता है, माँसपेशियों में परिपक्वता आती है जिससे धीरे-धीरे शिशु की क्रियाशीलता बढ़ती है।

मालिश

शिशुओं की मालिश प्रतिदिन एक बार जरूर करनी चाहिये। वैसे एक से अधिक बार भी मालिश की जा सकती है। मालिश के लिये सरसों, तिल, जैतून अथवा अन्य किसी बेबी आयल का उपयोग किया जा सकता है। मालिश से थकावट दूर होती है, रक्त संचार बढ़ता है और शरीर में स्फूर्ति आती है।

शिशु की मालिश करते समय सावधानी

1. शिशु की मालिश करने के बाद शीघ्र ही नहलाना नहीं चाहिये क्योंकि मालिश करने से रक्त संचार बढ़ता है और शरीर के ताप में वृद्धि होती है।
2. जाड़े के मौसम में मालिश बंद कमरे में या धूप में करनी चाहिए। धूप में मालिश करने से शिशु के शरीर को विटामिन 'डी' की प्राप्ति होती है। बंद कमरे में मालिश करने के बाद वस्त्र पहनाकर थोड़ी देर धूप में लिटाना चाहिये।
3. शिशु की मालिश दूध पिलाने के तुरंत बाद नहीं करनी चाहिये बल्कि मालिश करने के बाद दूध पिलाना चाहिये।
4. शिशु की मालिश प्रतिदिन सुबह का दूध पीने के बाद नहाने से पूर्व करनी चाहिये।
5. शिशु की मालिश के लिये अच्छे किस्म के तेल का प्रयोग करना चाहिये।

व्यायाम

आरंभ से ही शरीर के जिस अंग का उपयोग नहीं किया जाता है, वही अंग अपनी कार्यक्षमता खो देता है, इसलिए शिशु शरीर के सर्वांगीण विकास के लिये शिशु के हर अंग का पर्याप्त व्यायाम कराना चाहिये।

मानव शरीर की सभी माँसपेशियाँ अस्थियों से जुड़ी रहती हैं। इसलिए जब वे क्रियाशील होते हैं तो उनके तनाव और खिंचाव के परिणामस्वरूप माँसपेशियों और अस्थियों दोनों की ही वृद्धि एवं पुष्टि होती है जिससे उनमें बल और क्रियाशील आ जाती है। इसके अलावा हृदय की गति तथा रक्त प्रवाह में भी व्यायाम द्वारा स्फूर्ति आती है। व्यायाम से पाचन में भी सहायता मिलती है जिससे कब्ज की भी शिकायत दूर हो जाती है और भूख भी पर्याप्त मात्रा में लगती है।

स्वस्थ शिशु सदैव क्रियाशील रहता है उसकी इस स्वाभाविक चेष्टा से ही पर्याप्त व्यायाम हो जाती है। इसलिए शिशु के स्वाभाविक व्यायाम के लिये उसकी स्वाभाविक क्रियाओं में अवरोध पैदा नहीं करना चाहिये। शिशु को हर समय गोद में नहीं रखना चाहिये बल्कि उसे लेटकर स्वयं हाथ-पैर चलाने देना चाहिये।

व्यक्तिगत स्वच्छता और स्नान

शिशु स्वास्थ्य के लिए व्यक्तिगत स्वच्छता बहुत ही महत्त्वपूर्ण है। शिशु की व्यक्तिगत स्वच्छता में शिशु-स्नान और शरीर के विभिन्न अंगों की स्वच्छता आती है। अगर शैशवावस्था से ही माता-पिता शिशु स्वच्छता के प्रति लापरवाही बरतते हैं तो आगे चलकर शिशु के अस्वस्थ और रोग ग्रस्त होने की संभावनायें तीव्र हो जाती हैं।

शिशु-शरीर को स्वस्थ और निरोगी बनाये रखने के लिये स्नान जरूरी है। स्नान से शरीर के रोम छिद्र खुल जाते हैं और शिशु प्रसन्नचित रहता है। इसलिए प्रारंभ से ही शिशुओं को नहलाना चाहिये। नवजात शिशु बहुत अधिक कोमल होता है। इसलिए इस कार्य में सावधानी बरतनी चाहिये।

स्नान के प्रकार–शिशु को तीन तरह से स्नान कराया जाता है–

क. धूप स्नान या तैलीय स्नान,

ख. अर्द्ध स्नान तथा

ग. पूर्ण स्नान या जल स्नान।

स्नान से लाभ

1. स्नान से शिशु प्रसन्नचित रहता है।
2. स्नान से रक्त संचार में वृद्धि होती है।
3. स्नान से शरीर साफ व स्वच्छ हो जाता है। फलस्वरूप संक्रमण से बचाव होता है और शरीर स्वस्थ्य रहता है।
4. पसीने, दूध व मूत्र आदि की दुर्गन्ध दूर हो जाती है।

शिशु को स्नान कराते समय ध्यान रखने योग्य बातें

1. शिशु को तेज हवादार खुले स्थान पर नहीं नहलाना चाहिये।
2. नहलाने के लिये टब का प्रयोग करना चाहिये जिससे शिशु के चोट लगने का भय नहीं रहता है।
3. माता के नाखून अधिक बड़े नहीं होने चाहिये। ये शिशु को नहलाते समय हानि पहुँचा सकते हैं।
4. स्नान कराते समय जाँघ, बगल, कान के पीछे आदि सिलवट वाले स्थानों की सफाई अच्छी तरह करनी चाहिये।
5. स्नान कराने से पूर्व सभी आवश्यक सामग्री यथास्थान एकत्र कर लेनी चाहिये।
6. स्नान कराने के बाद साफ और सूखे तौलिये से शिशु-शरीर को भली-भाँति पोंछ लेना चाहिये।
7. शिशु का तौलिया अलग होना चाहिये। इसका प्रयोग अन्य न करें।
8. शिशु-शरीर को पोछने के बाद शरीर के सभी भागों विशेषकर जोड़ वाले भागों पर अच्छी तरह पाउडर लगा देना चाहिये।
9. पाउडर लगाने के बाद मौसम के अनुसार आरामदायक वस्त्र पहनाकर दूध पिलाना चाहिये।
10. शिशु को प्रतिदिन निर्धारित समय पर ही नहलाना चाहिये।
11. शिशु को स्नान कराने के लिये पानी गुनगुना होना चाहिये। इसका तापमान शरीर के तापमान से अधिक नहीं होना चाहिये। सामान्यतः 85 डिग्री फॉरेनहाइट से 95 डिग्री फॉरेनहाइट तापमान उपयुक्त रहता है। गर्मी के मौसम में ताजे पानी का प्रयोग भी किया जा सकता है।
12. शिशु की त्वचा कोमल होती है। अतः नहलाने के लिये किसी अच्छे बेबी साबुन का प्रयोग करना चाहिये।
13. शिशु को स्नान कराने से पूर्व माँ को अपने हाथ साबुन से भली-भाँति साफ कर लेने चाहिये।
14. मालिश करने तथा दूध पिलाने के तुरंत बाद स्नान नहीं कराना चाहिये।

5

बाल-मृत्यु की समस्या

सामान्यतः जन्म से दो वर्ष तक की आयु के बच्चों को शिशु कहा जाता है। अतः बाल-मृत्यु से तात्पर्य जन्म से पूर्व गर्भ में मर जाने वाले, जन्म के समय मर जाने वाले और जन्म के पश्चात् दो वर्ष के अंदर मर जाने वाले बालकों से है।

बाल-मृत्यु-दर

बाल-मृत्यु-दर से तात्पर्य है कि किसी देश या स्थान पर एक वर्ष में कुल कितने बच्चे जन्म लेते हैं और उनमें से प्रति हजार बच्चों में से कितने बच्चे एक वर्ष के अंदर मर जाते हैं।

मृत्यु-दर को ज्ञात करने के लिये सर्वप्रथम एक वर्ष में उत्पन्न होने वाले तथा मरने वाले बच्चों की संख्या ज्ञात करनी चाहिये। तत्पश्चात् मृत्यु संख्या 1000 से गुणा करके उसमें जन्म संख्या से भाग दे देना चाहिये। ऐसा करने से मृत्यु-दर ज्ञात हो जायेगा। जैसे–किसी देश में एक वर्ष में 1500 बच्चे पैदा हुये और एक वर्ष की आयु पूरी करने से पहले 300 बच्चे मर गये तो मृत्यु-दर ज्ञात करने के लिए 300 में 1500 से भाग देंगे। प्राप्त भागफल को 1000 से गुणा करेंगे। प्राप्त परिणाम मृत्यु-दर है। इस तरह से शिशु-मृत्यु-दर 200 प्रति हजार हुई।

बाल मृत्यु के कारण

1. निर्धनता।
2. अशिक्षा व अज्ञानता।
3. बाल विवाह।
4. बेमेल विवाह।
5. बहुपत्नी विवाह।
6. शिशु जन्म सम्बन्धी अनुचित मूल्य।
7. अंधविश्वास, कुप्रथायें और सामाजिक रीति-रिवाज।
8. माताओं की आधुनिकता।
9. असंतुलित और अपर्याप्त भोजन।
10. अनुपयुक्त आवास।

11. नवजात शिशुओं के जन्मजात दोष ।
12. संक्रमण ।
13. आकस्मिक दुर्घटनायें ।
14. गर्भावस्था में समुचित देखभाल का अभाव ।
15. माता-पिता का स्वास्थ्य ।
16. चिकित्सा सुविधाओं का अभाव ।
17. प्रसव के समय दुर्घटनायें ।
18. बालपोषण की गलत विधियाँ ।
19. माता-पिता की अज्ञानता ।
20. मातृ व शिशु कल्याणकारी संस्थाओं व सुविधाओं का अभाव ।
21. बच्चे का समय पूर्व जन्म होना ।
22. स्त्री का जल्दी-जल्दी गर्भधारण करना ।
23. माताओं का कामकाजी होना तथा बच्चों का पालन-पोषण नौकरों द्वारा होना ।

बाल मृत्यु को रोकने के उपाय

1. परिवार नियोजन को बढ़ावा दिया जाये ।
2. शिशु-पालन तथा मातृ-सुरक्षा की उचित शिक्षा प्रदान की जाये ।
3. रोगों से बचाव हेतु शिशुओं का समय पर टीकाकरण कराया जाये ।
4. बाल कल्याण केन्द्रों की स्थापना की जाये ।
5. मातृ एवं शिशु कल्याणकारी योजनाओं और संस्थाओं का विस्तार किया जाये ।
6. मातृ एवं शिशु कल्याण सम्बन्धी शिक्षा का प्रसार किया जाये ।
7. आम जनता के जीवन स्तर को ऊँचा उठाने का प्रयास किया जाये ।
8. शिशु पालन गृहों की स्थापना की जाये ।

6

परिवार नियोजन

किसी भी राष्ट्र की सच्ची सम्पदा की माप वहाँ के स्वस्थ लोगों की प्रतिशत संख्या से आंकी जाती है। वहाँ विद्यमान प्राकृतिक सम्पदा जैसे भूमि, जल स्रोत, बन, खान आदि की पर्याप्तता से सच्ची सम्पदा का आकलन नहीं होता है।

भारत में आबादी की तुलना में उपजाऊ भूमि बहुत कम है। अल्पायु में विवाह करने से बच्चों की संख्या में ही वृद्धि नहीं होती बल्कि मातृ-शिशु मृत्यु-दर में भी वृद्धि हुई है।

परिवार-नियोजन हर मानव का जन्म-सिद्ध अधिकार है। प्रत्येक दम्पति को यह अधिकार मिलना चाहिए कि वे अपने बच्चों की संख्या तथा उनके बीच की अवधि के अन्तर का निर्णय स्वयं करें।

देश के आर्थिक स्तर में विकास तभी हो सकती है जब परिवार-नियोजन एवं आर्थिक-नियोजन साथ-साथ चले।

परिवार-नियोजन की आवश्यकता

पति-पत्नी के द्वारा, अपने सामने उपलब्ध सामाजिक, आर्थिक तथा स्वास्थ्य परिस्थितियों को ध्यान में रखते हुए, परिवार के सदस्यों के सुख एवं शान्ति के लिए, उनके शारीरिक एवं मानसिक स्वास्थ्य के लिए, परिवार के आकार को जान-बूझ कर छोटा बनाए रखना तथा दो बच्चों के बीच अंतराल को अधिक से अधिक लम्बी अवधि बनाए रखने का प्रयास करना ही परिवार नियोजन कहलाता है।

बच्चों का जन्म सुनियोजित ढंग से होना चाहिए भाग्य, अंधविश्वास अथवा अन्य कारकों पर निर्भर होकर नहीं। परिवार कल्याण की योजना तभी सफल हो सकती है जब छोटे परिवार के परिणामस्वरूप स्वस्थ माताएँ स्वस्थ बच्चों को जन्म दें एवं परिवार के सभी सदस्यों के स्वास्थ्य का स्तर ऊँचा तथा संतोषप्रद हो।

बच्चों की अधिक संख्या का कुप्रभाव माता पर भी पड़ता है। उदाहरण के लिए शारीरिक एवं मानसिक थकान, हर बच्चे के जन्म के पश्चात् बढ़ता ही जाता है। पिछले गर्भधारण एवं प्रसव के परिणामों से सचेत होने से पूर्व ही यदि वह पुनः गर्भवती हो जाती है तो उसका प्रभाव माँ एवं भ्रूण, दोनों पर गंभीर रूप से पड़ता है। कहने का आशय यह है कि माता को पिछले परिणामों से सबक ग्रहण करने के लिए पर्याप्त समय ही नहीं मिल पाता है। उसमें हर बच्चे के लालन-पालन के लिए आवश्यक शारीरिक शक्ति नहीं रह पाती है।

नवजात शिशु पर भी माता के स्वास्थ्य का प्रभाव पड़ता है। माता के निम्न स्वास्थ्य स्तर के

कारण शिशु में भी संचित पोषक तत्त्व अल्प मात्रा में होते हैं, न जिससे वह बहुत जल्द ही संक्रामक और अन्य बीमारियों से ग्रसित हो जाता है। माता द्वारा उसे कम देखभाल प्राप्त होते हैं। उसे अपनी प्रसुप्त क्षमताओं के विकास के लिए कम या नहीं के बराबर मौका मिल पाता है। रोगों से लड़ने की क्षमता भी कम ही रहती है इससे शिशु-मृत्यु दर बढ़ जाती है।

माता के निम्न पोषण स्तर के कारण मृत-शिशु का जन्म हो सकता है अथवा जन्म के बाद शिशु के बचने की संभावना कम हो जाती है। पोषण के अलावा अन्य कारणों जैसे–दो शिशुओं के मध्य का अंतराल यदि 9 अथवा 10 माह हो, टॉक्सीमिया अपरा की अव्यवस्था, रक्त स्राव, भ्रूण का गर्भाशय में उल्टा होकर रहना आदि से भी शिशु-मृत्यु-दर बढ़ जाती है। कुछ अन्य व्याधि भी शिशु-मृत्यु-दर को बढ़ाने में महत्त्वपूर्ण होते हैं।

परिवार-नियोजन के लाभ

1. माता के स्वास्थ्य का स्तर उन्नत होता है। मातृ-मृत्यु दर घट जाती है। माता के पोषण के स्तर में आश्चर्यजनक बदलाव आते हैं। गर्भपात अथवा अन्य गर्भकालीन विषमताओं से मुक्त रह सकती हैं। माता का मानसिक संतुलन बना रहता है। परिवार में तनाव कम हो जाता है।
2. दो बच्चों के बीच की अवधि के बढ़ने से माता अपने बच्चों का लालन-पालन सही एवं अच्छे तरीके से कर सकती है। गर्भधारण तथा प्रसवोपरान्त उसे पुनः स्वास्थ्य लाभ करने के लिए समय मिल जाता है।
3. भ्रूण के स्वास्थ्य के स्तर में भी सुधार होता है। शिशु-मृत्यु दर घट जाती है। शिशु की असामान्य अथवा विकृत होने की सम्भावना नहीं के बराबर रहती है। माता की जैसे-जैसे आयु बढ़ती है वैसे-वैसे शिशु में विकृतियाँ पैदा होने की सम्भावना रहती है। वंश परम्परा सम्बन्धी रोगों से पीड़ित व्यक्तियों द्वारा विकृत बच्चे ही पैदा होते हैं, इसलिए ऐसे व्यक्तियों का शल्य चिकित्सा द्वारा उपचार करके बच्चों के जन्म को रोक सकते हैं। विक्षिप्त एवं कोढ़ी मनुष्यों की जबरन शल्य चिकित्सा करवानी चाहिए।
4. भ्रूण तथा शिशु के स्वास्थ्य को उन्नत बना सकते हैं। परिवार का आकार यदि छोटा है तो हर बच्चे की पोषण सम्बन्धी आवश्यकताओं की पूर्ति हो जाती है जिससे उनमें रोगरोधी क्षमता पैदा होती है। उनकी वृद्धि एवं विकास सही ढंग से हो पाता है। परिवार-नियोजन से कुपोषण, मानसिक तनाव, बाल अपराध आदि कम हो जाते हैं।
5. बच्चों का बौद्धिक स्तर छोटे परिवार में उन्नत रहता है। अनुसन्धानों से पता चला है कि बड़े परिवारों के बच्चों की बुद्धि लब्धि कम होती है।
6. सामाजिक तथा आर्थिक उन्नति का मूल आधार परिवार-नियोजन ही है। परिवार में बच्चों की कम संख्या का आशय यह है कि हर बच्चे के लिए उचित सुविधाएँ प्रदान कर सकें। यदि बच्चे कम संख्या में होंगे तो पर्याप्त पोषण की सुविधाएँ शिक्षा, पर्यावरण की स्वच्छता, मकान का सही प्रबन्ध, कम भीड़, अधिक आय, नगरीकरण, उद्योग, रोजगारी, उच्च स्वास्थ्य का स्तर आदि प्राप्त कर सकते हैं।
7. छोटे परिवार के कारण जीवन की गुणवत्ता एवं जीवन के प्रति अच्छे दृष्टिकोण आते हैं। व्यक्ति के चारित्रिक तथा नैतिक विकास का मौका मिलता है जिससे उसकी आंतरिक उन्नति होती है। फलस्वरूप सामाजिक शान्ति तथा स्थिरता बनी रहती है। उचित पोषण, शिक्षा आदि के कारण बाल-अपराधों की संख्या कम हो जाती है।

8. राष्ट्रीय आहार उत्पादन तथा वितरण प्रणाली सशक्त बनती है जिससे राष्ट्र विकास की ओर तीव्र गति से बढ़ने लगता है।

उपयुक्त लाभों की प्राप्ति के लिए लड़कों तथा लड़कियों के विवाह की आयु को बढ़ाना जरूरी है–लड़कियों की उम्र 18 वर्ष होनी चाहिए तथा लड़कों की उम्र 21 वर्ष हो। इस उम्र को संवैधानिक मान्यता भी दी गई है। परिवारों की पोषण स्थिति को सुधारने के लिए विभिन्न पोषण सम्बन्धी कार्यक्रम चलाने चाहिए तथा मुफ्त में आहार का वितरण होना चाहिए। इसके अलावा नारी के स्तर में उन्नति होनी चाहिए। नारी के स्थान एवं भूमिका के विषय में विधायक दृष्टिकोण को जनता में जागृत करना चाहिए। नारी शिक्षा, नौकरी आदि के लिए उचित मौका प्रदान करने चाहिए इससे परिवार-नियोजन की सफलता पर विधायक परिणाम एवं प्रभाव पड़ते हैं। सामाजिक एवं राजनैतिक स्थिरता के लिए उपर्युक्त कारकों की महत्त्वपूर्ण भूमिका है।

परिवार–नियोजन की विधियाँ

परिवार-नियोजन को दो भागों में विभक्त कर सकते हैं, जैसे स्थायी तथा अस्थायी विधियाँ। एक आदर्श, उत्तम गर्भनिरोधी विधि वह होती है जो प्रभावशाली ढंग से गर्भधारण को रोके, उपयोग के लिए अधिक कुशलता की आवश्यकता न हो, सुविधापूर्ण हो, लम्बी अवधि तक, बिना निरीक्षण, परीक्षण के भी सफल एवं प्रभावशाली बनी रहे, सस्ती हो, उत्क्रमणीय चिकित्सक के परामर्श की माँग कम से कम हो।

I. अस्थाई विधियाँ

(क) रासायनिक विधियाँ

(अ) झागदार गोलियाँ

(ब) जैली तथा पेस्ट

(स) युग्मनज विरोधी

(द) रोपण विरोधी

(य) वीर्योत्पत्ति विरोधी

(र) अण्डोत्सर्ग विरोधी कारक

(ल) गर्भनिरोधी टीका

(व) नासिका फुव्वारा तथा

(श) ट्रैफिक लाइट नियन्त्रण

(ख) यांत्रिक-विधियाँ

(अ) डायाफ्राम तथा पैसरी,

(ब) आंतरिक गर्भाशयी साधन तथा

(स) शिश्नावरण।

(ग) व्यवहार सम्बन्धी विधियाँ

(अ) ब्रह्मचर्य

(ब) मैथुन-अवरोध

(स) सुरक्षित अवधि

(द) प्राकृतिक गर्भनिरोधी विधियाँ।

(घ) गर्भाधान के बाद की विधियाँ

(अ) मासिक चक्र का नियन्त्रण,

(ब) गर्भपात तथा

(स) मासिक स्राव को प्रेरित करना।

(ड.) मिश्रित विधि

(अ) यांत्रिक तथा रासायनिक का मिश्रण

II. स्थायी विधियाँ

(ब) नसबन्दी– पुरुष नसबन्दी
स्त्री नसबन्दी

(अ) लेसर किरणों का उपयोग।

अस्थायी विधियाँ

(क) **रासायनिक विधियाँ**–इस विधि के अन्तर्गत रासायनिक पदार्थों का प्रयोग किया जाता है। यह विधि विश्वसनीय जरूर है लेकिन इसके कुछ दुष्परिणाम बाद में हो सकते हैं।

झागदार गोलियाँ शुक्राणुनाशक दवा होती है। इन गोलियों को उँगलियों की मदद से योनि में प्रविष्ट करते हैं। नमी के सम्पर्क में आने पर ये गोलियाँ झाग पैदा करती हैं। प्रत्येक गोली का आकार 25 पैसे के सिक्के के समान होता है। सम्भोग के पांच से दस मिनट पूर्व इस गोली को साफ पानी से नम करके योनि में प्रविष्ट किया जाता है। गोली ताप एवं नमी के कारण घुलकर, कार्बन डाई-ऑक्साइड निकालती है, जो झाग बन जाती है। यह झाग शुक्राणुओं की सक्रियता का नाश करता है। ये गोलियाँ बहुत सस्ती होती हैं। इन गोलियों में फीनाइल मरकुरिक एसीटेट नामक रासायनिक पदार्थ होता है। ये गोलियाँ सामान्य रूप से सुरक्षित एवं हानिरहित होती हैं लेकिन ग्रीवा और योनि में पर्याप्त नमी की सामान्य रूप से उस भाग में जलन, पीड़ा होती है तथा गोली भी पूर्ण रूप से घुल नहीं पाती है। उचित संग्रह के अभाव में गोलियों का नाश हो जाता है। लगभग एक चौथाई लोगों में यह असफल रहती है। प्रयोगकर्त्ता कई बार योनि में अधिक तरलता एवं चिपचिपाहट की शिकायत करते हैं। कई बार योनि में सूजन भी हो जाती है।

जैली, पेस्ट अथवा क्रीम भी रासायनिक शुक्राणुनाशक पदार्थ होते हैं। इन्हें एक विशेष पिचकारी द्वारा योनि में प्रविष्ट कराया जाता है। ये दवाइयाँ योनि में वीर्यपात होने पर उसके शुक्राणुओं को निष्क्रिय करके नष्ट कर देती हैं।

इससे गर्भधारण नहीं हो सकता है। शारीरिक तापमान के कारण ये दवाइयाँ योनि में फैल जाती हैं। लेकिन इनके साथ डायफ्राम अथवा शिश्नावरण का प्रयोग करना सुरक्षित रहता है। अगर योनि में जलन अनुभव हो तो इनका प्रयोग ठीक नहीं रहता है।

सेण्ट स्क्वेयर नामक घुलनशील कागज जिस पर यूरिया का आवरण होता है, गर्भ -निरोध के लिए प्रयुक्त होता है। यह 2 इंच का पतला, सेल्यूलोज का बना कागज होता है जिस पर यूरिया का गाढ़ा आवरण होता है। इसे सम्भोग से पहले योनि में गहराई तक प्रविष्ट कराया जाता है। यूरिया शरीर में घुल कर, मूत्र द्वारा निकल जाता है। इससे शुक्राणुओं का नाश हो जाता है।

हार्मोन की बनी कुछ गोलियों के सेवन से अण्डोत्सर्ग देर से कराया जा सकता है। इस तरह प्राकृतिक चक्र के स्थान पर एक कृत्रिम चक्र स्थापित हो जाता है। इसके लिए प्रोजेस्टीरोन, ईस्ट्रोजन, स्टीराइड का उपयोग किया जाता है। इन्हें नियमित रूप से लेना आवश्यक होता है। उल्टी आना, जी मिचलाना, स्तनों

की सूजन और पीड़ा, शारीरिक बालों की वृद्धि आदि प्रभाव दिखाई दे सकता है। लेकिन यह शत प्रतिशत सफल होती है। ये गोलियाँ महँगी होती हैं। अधिक समय तक प्रयोग करने से स्तनों के कैंसर, यकृत की बीमारियाँ, सूजन मधुमेह, हृदय के रोग, एलर्जी, कुपोषण, सिर दर्द आदि पैदा हो जाते हैं।

इन गोलियों को 21 दिन तक लेने की जरूरत होती है। जी मिचलाने के लक्षण को कम करने के लिए रात को दूध के साथ अथवा अन्य एण्टासिड के साथ गोली लेनी चाहिए। ग्रामीण स्त्रियों अथवा अशिक्षित स्त्रियों के लिए यह विधि उपर्युक्त नहीं है। हर वर्ष उन स्त्रियों का पूर्ण परीक्षण होना चाहिए जो लगातार गोलियों का प्रयोग करती हैं।

युग्मनज विरोधी गोलियों को सम्भोग के बाद एक से दो दिन तक लिया जाता है। इससे स्त्रियों के मासिक चक्र में कोई बदलाव नहीं आता है। रोपण विरोधी कारक हार्मोन के बने होते हैं यथा–स्टीराइड, लेकिन इसका प्रभाव हानिकारक होता है। वीर्योत्पत्ति विरोधी कारक भी स्टीराइड हार्मोन के ही बने होते हैं जिसे पुरुष प्रयोग में लाता है। इससे शुक्राणुओं का नाश हो जाता है। गोलियों के प्रयोग से कुछ स्त्रियों के वजन में वृद्धि हो जाती है।

गर्भ-निरोधी टीके को दिल्ली के अखिल भारतीय आयुर्विज्ञान संस्थान के डॉ. तलवार ने निर्मित किया। यह मानव के अपरा से उत्पन्न होने वाले गोनेडोट्रोपिन हार्मोन से बनता है। गर्भवती स्त्रियों के मूत्र में यह हार्मोन प्रचुर मात्रा में पाया जाता है। गर्भवती स्त्रियों के मूत्र को टिटनस टॉक्साइट के साथ मिलकर इन्जेक्शन दिया जाता है, जो 5 माह तक स्त्री को गर्भधारण से रोकता है। उसके उपरान्त उसे पुनः इन्जेक्शन लेने की जरूरत पड़ती है।

नासिक फुव्वारा का आविष्कार भी दिल्ली के अखिल भारतीय आयुर्विज्ञान संस्थान द्वारा ही किया गया है। इसमें यौन स्टीराइड होती है। यह गर्भधारण को नियन्त्रित करता है।

ट्रैफिक लाइट नियंत्रण की विधि आस्ट्रेलिया के मेलबोर्न में उपयोग में लाई गई। यह 5 सेन्टीमीटर लम्बी कागज की पेन्सिल होती है जिस पर भरपूर रासायनिक पदार्थों का लेप होता है, यह पेन्सिल असुरक्षित काल में लाल बन जाती है एवं सुरक्षित काल में हरी ही रहती है। इस परीक्षण के लिए स्त्री को चाहिए कि वह पेन्सिल को अपने मूत्र के साथ सम्पर्क में लाएँ। यह सबसे सरल, सस्ती एवं आसान विधि है।

(ख) यांत्रिक विधियाँ–शिश्नावरण जिसे "निरोध" के नाम से जाना जाता है सबसे लोकप्रिय तरीका है। दो प्रकार के आवरण होते हैं–लैटेक्स तथा चमड़े के। लैटेक्स आवरण का प्रयोग ज्यादातर किया जाता है। एक आवरण की लम्बाई 17.5 सेन्टीमीटर एवं व्यास 4.4 सेन्टीमीटर होती है। यह एक थैली के समान होता है जिसे सम्भोग से पहले पुरूष अपने लिंग पर चढ़ा लेता है। इसके कारण वीर्य, योनि में प्रविष्ट नहीं हो पाता है बल्कि थैली के अन्दर ही रह जाता है। यह एक विश्वसनीय साधन है तथा आसानी से प्रयोग में लाया जा सकता है। इसके कई बार फटने से योनि में वीर्य स्थापित हो जाता है, कुछ दम्पत्ति इसे काम तुष्टि में बाधक समझते हैं। यह परिवार कल्याण केन्द्रों, सार्वजनिक स्वास्थ्य केन्द्रों तथा उपकेन्द्रों में मुफ्त मिलता है अगर एक ही थैली को कई बार उपयोग किया जाता है तो उसमें छेद होने का अथवा फटने की भी सम्भावना हो जाती है। इसके परीक्षण के लिए थैलो में 300 मिली लीटर पानी भरकर लटकाया जाता है जिससे छेद का पता लगता है। इसका अधिक प्रचलन है। इसके प्रयोग से कोई दुष्परिणाम नहीं होते हैं। इससे यौन रोगों से भी रक्षा होती है।

डायफ्राम तथा पैसरी कृत्रिम रबड़ अथवा प्लास्टिक के बने होते हैं। इसका व्यास 5 से 10 सेन्टीमीटर तक होता है। इसका किनारा स्प्रिंग अथवा लोहे का बना होता है। इसे सम्भोग से पहले योनि में प्रविष्ट किया जाता है एवं सम्भोग के 5-6 घंटे बाद निकाला जाता है। पैसरी मुलायम रबड़ की

कटोरी-सी होती है। इसे योनि में प्रविष्ट करके गर्भाशय के मुँह को ढक दिया जाता है। यह अलग-अलग नाप की होती है।

डॉक्टर की सलाह के अनुसार ही इसे खरीदना चाहिए। डायफ्राम के साथ, अधिक सुरक्षा की दृष्टि से जैली अथवा क्रीम का भी प्रयोग करना चाहिए। इससे शुक्राणु मर जाते हैं एवं डायफ्राम को योनि में प्रवेश कराते समय भी सहायता मिलती है। सही नाप की पैसरी का उपयोग अगर नहीं किया जाए तो गर्भधारण हो सकता है। यह ग्रामीण अशिक्षित स्त्रियों के लिए उपयोगी नहीं है। इसमें एक खतरा यह भी है कि यह अपने स्थान से हट सकता है।

आंतरिक गर्भाशयी साधन के अन्तर्गत मुख्यतः लूप, कॉपर-टी, कॉपर-7, Y- साधन, नोवा-टी आदि आते हैं।

> ### नवजात पर पर्याप्त ध्यान के बाद ही गर्भधारण उचित
>
> दो साल से कम उम्र का बच्चा पूरी तरह माँ पर निर्भर रहता है। अगर इस दौरान वह फिर गर्भवती हो जाती है तो बच्चे पर ठीक से ध्यान नहीं दे पाएगी। ऐसी माँ के शरीर में आयरन और इसी तरह के अन्य पौष्टिक तत्त्व पर्याप्त मात्रा में नहीं होते। अगर वह प्रसव के दो साल के भीतर फिर गर्भवती हो जाती है तो उसे और उसके पेट में पल रहे बच्चे दोनों को जानलेवा बीमारियों का खतरा रहता है। इसलिए जब बच्चा 4 या 6 महीने का हो जाए और दलिया, दाल, खिचड़ी जैसे अर्ध-तरल पदार्थ खाने लगे तो अनचाहे गर्भ को रोकने के लिए गर्भ-निरोधक के किसी तरीके का इस्तेमाल किया जाना चाहिए।

जर्मनी के एक चिकित्सक रिचर्ड रिचर्टर ने 1909 ई. में प्रथम आन्तरिक गर्भाशय साधन को मानव गर्भ-निरोधी साधन के रूप में प्रयुक्त किया। वह गोल आकार का, रेशमी कीड़े की आँतों का बना हुआ था लेकिन बाद में रेशमी धागे, चाँदी के तार, चाँदी के छल्ले, पॉलीथीन अथवा प्लास्टिक के छल्ले का प्रयोग होने लगा। यह विधि एकदम आसान, सुविधाजनक, प्रभावशाली होती है जिसमें बार-बार याद रखने अथवा तैयार होने की आवश्यकता नहीं पड़ती है। अब तक 75 प्रकार के आन्तरिक गर्भाशयी साधनों का उपयोग किया जा चुका है जिनके आकार व आकृति अलग-अलग होते हैं यथा-लूप, सर्पाकार, छल्ले कुण्डली, ताँबे के लेप अथवा तरल पदार्थ भरे साधनों अथवा धनुषाकार साधन आदि।

लिप्पी के लूप का प्रयोग सबसे ज्यादा लोकप्रिय रहा है। इसका आकार दो 'S' के समान होता है जो पॉलीथीन अथवा प्लास्टिक का बना हानिरहित साधन होता है। यह धागों के साथ जुड़ा हुआ होता है, जो योनि से बाहर निकले रहते हैं।

यह लूप वर्षों तक गर्भाशय में रह सकता है। यह सबसे सरल, प्रयोग के लिए आसान, समय बचाने वाला साधन होता है। यह सस्ता भी होता है। लेकिन कई स्त्रियों में इसके प्रयोग से मासिक रक्त-स्राव की मात्रा बढ़ जाती है। ऐसी स्थिति में संक्रमण हो सकता है अथवा यह बाहर निकल सकता है। इससे स्त्रियों में अनीमिया अथवा खून की कमी भी हो सकती है। कॉपर-T तथा कॉपर-7 का प्रयोग भी पर्याप्त लोकप्रिय हो रहा है। ये प्रतिदिन 2 माइक्रोग्राम प्राजेस्टीरोन को 5 साल तक छोड़ते रहते हैं जिससे मासिक रक्त-स्राव की मात्रा का नियन्त्रण हो जाता है। यह अस्थायी विधि है, संतान की इच्छा होने पर लूप अथवा कॉपर-टी को निकलवाया जा सकता है। ये आसानी से अपने आप निकल नहीं सकते क्योंकि उनका आकार ही ऐसा होता है कि वे गर्भाशय में ही बने रहते हैं। अतः इन्हें डॉक्टर से निकलवाया जा सकता है। कॉपर-टी का आविष्कार ICMR द्वारा किया गया।

(ग) व्यवहार सम्बन्धी विधियाँ–ब्रह्मचर्य सामान्य जनता के लिए व्यावहारिक नहीं हो सकता है

क्योंकि संयम के लिए आवश्यक है कि स्त्री-पुरुषों में प्रबल आत्म-नियंत्रण दोनों में हो। अतः केवल 15-20 % लोगों के लिए संयम सम्भव हो सकता है। इससे नाड़ी-विकृतियाँ, मनोविकार आदि बीमारियाँ हो सकती हैं। अगर वे अपनी इच्छा से संयम के मार्ग को अपनाते हैं तो इससे अधिक दुष्परिणाम नहीं हो सकते हैं।

बाह्य स्खलन अथवा मैथुन-अवरोध में वीर्यपात योनि में न होकर बाहर होता है। इनके लिए कृत्रिम साधन अथवा पूर्व तैयारी की जरूरत नहीं होती है। इस पर व्यय नहीं होता है। लेकिन इस विधि में पुरुष के आत्म-नियंत्रण की क्षमता अद्भुत होनी चाहिए अन्यथा वीर्यपात योनि द्वार पर भी हो सकता है। इस स्थिति में गर्भ ठहरने का भय रहता है। इससे कई लोगों में मूत्र, नाड़ी एवं मन सम्बन्धी बीमारियाँ हो जाती हैं। इस विधि में एक कमी यह है कि पुरुष जननेन्द्रिय से बहने वाली मैथुन-पूर्व स्राव में भी शुक्राणुओं की उपस्थिति हो सकती है, इसलिए यह सुरक्षित विधि नहीं है।

सुरक्षित अवधि अथवा ऋतु-चक्र विधि इस तथ्य पर आधारित है कि असुरक्षित काल में सम्भोग नहीं करने से गर्भधारण नहीं हो सकता है। असुरक्षित काल का तात्पर्य महीने के उन दिनों से है जब स्त्री की अण्डवाहिनी से अण्डाणु निकलकर गर्भाशय में प्रवेश कर सकता है और शुक्राणु से मिलकर गर्भ स्थापित कर सकता है। हर महीने में कुछ दिन ऐसे होते हैं जब सम्भोग के बाद गर्भ ठहरने की सम्भावना नहीं रहती है। इस अवधि को ही सुरक्षित अवधि कहते हैं। इसकी गणना स्त्री के ऋतु-चक्र की तिथि के आधार पर की जाती है। यथा-यदि मासिक स्राव 20 तारीख को शुरू होने वाला है तो इसके 11 दिन पहले की तारीख 9 होगी। अब तारीख से 9 दिन और पीछे 5 दिन और पीछे की गिनती करें और उन 5 तारीखों को नोट कर लें अर्थात् 5, 4, 3, 2 से किसी भी दिन स्त्री के अण्डाशय से अंडाणु निकलकर गर्भाशय में प्रवेश कर सकते हैं। सुरक्षा के लिए इन पाँच दिनों के साथ 3 दिन और जोड़ लें क्योंकि शुक्राणु 2 दिनों तक तथा अण्डाणु एक दिन तक जीवित रह सकते हैं। इस प्रकार 5, 4, 3, 2, 1, 30, 29, एवं 28 ऐसे तारीख हैं जिनमें गर्भ ठहरने की संभावना रहती है। इसे ही असुरक्षित काल कहते हैं।

लेकिन इस तरीके के प्रयोग से सम्भोग के मौके कम रह जाते हैं। इसके अलावा कुछ औरतों के मासिक धर्म भी अनियमित होते हैं। इनके लिए भी यह तरीका उपयुक्त नहीं है। अन्य प्राकृतिक विधियों BBT विधि आती है-प्रोजेस्टीरोन की अधिकता के कारण अण्डोत्सर्ग के समय शारीरिक तापमान 0.3°-0.5° C बढ़ जाता है। नई दिल्ली की राष्ट्रीय भौतिक प्रयोगशाला द्वारा एक फिल्म तैयार की गई है जिसे तरल-क्रिस्टलीस तापीय कागज (Liquid Crystal Thermal Flim) कहते हैं। यह स्त्री के शरीर के सम्पर्क में आने पर यह बता सकता है कि उसमें अण्डोत्सर्ग हुआ है अथवा नहीं। अगर अण्डोत्सर्ग का समय आता है तो सम्पर्क से उसका रंग बदल जाता है क्योंकि शारीरिक तापमान बढ़ जाता है।

अण्डोत्सर्ग से पूर्व ग्रीवा में भी बदलाव आ जाता है। ग्रीवा अधिक नर्म हो जाती है, श्लेष्मा का स्राव भी बढ़ जाता है आदि अण्डोत्सर्ग के उपरान्त स्राव गाढ़ा हो जाता है। अतः यह विधि प्राकृतिक गर्भ-निरोधी विधियों में बहुत अधिक सरल है।

कुल मिलाकर व्यवहार सम्बन्धी विधियाँ सामान्य जनता के लिए उपयुक्त नहीं हैं। यह मात्र शिक्षित, आत्म-नियन्त्रण में दक्ष लोगों के लिए सरल हो सकती है।

(घ) **गर्भाधान के बाद की विधियाँ**– 'मासिक स्राव का नियन्त्रण' उस विधि को कहते हैं जिसमें स्त्री अपने नियमित मासिक चक्र के न आने पर चिकित्सक के पास जाकर गर्भाशय के पदार्थों को यान्त्रिक विधि से निकलवा लेती है। इसमें कुछ स्त्रियाँ पहले गर्भावस्था के परीक्षण भी

करवा लेती हैं। इस विधि में ग्रीवा को विस्फारित करके गर्भाशयी आन्तरिक पदार्थों को चूसने की मशीन द्वारा निकालते हैं। इस तरह की क्रिया बार-बार करने से बाद में गर्भ नहीं ठहरता है तथा प्रायः गर्भपात हो जाता है, समय से पूर्व प्रसव आना, बन्ध्यता, मासिक चक्र की अव्यवस्था आदि कठिनाइयाँ पैदा हो जाती हैं।

मासिक स्राव को प्रेरित करने के लिए हार्मोन का प्रयोग किया जाता है। इसके लिए गर्भाशय के अन्दर 1-5 मिली ग्राम का प्रोस्टा ग्लाँडिन करवाया जाता है। इसके तुरन्त बाद गर्भाशय की माँसपेशियों का संकुचन-विमोचन होने लगता है। प्रथम संकुचन 7 मिनट तक रहता है। इस विधि के प्रयोग के 7 दिनों में ही रक्त-स्राव होने लगता है।

(ड.) **मिश्रित विधि**—यह विधि यान्त्रिक एवं रासायनिक दोनों विधियों को मिलाकर बनायी जाती है। पैसरी या डायफ्राम के साथ जैली का प्रयोग या शिश्नावरण के साथ झागदार गोलियों का प्रयोग आदि।

गर्भपात की परिभाषा इस प्रकार दी जा सकती है—भ्रूण का निकास जब 28 सप्ताह से पहले होता है तथा भ्रूण का वजन एक किलोग्राम से कम होता है, उस स्थिति को गर्भपात अथवा विफल प्रसव कहते हैं। भारत में प्रति वर्ष 6 मिलियन गर्भपात होते हैं जिसमें 4 मिलियन प्रेरित होते हैं तथा 2 मिलियन प्राकृतिक होते हैं। गर्भपात से कई समस्याएँ पैदा हो सकती हैं। जैसे—रक्त-स्राव, सदमा, विषाक्तता, गर्भाशय में छेद होना, तीव्र रक्त अल्पता तथा भविष्य में बन्धता का भय आदि। कानून के अनुसार 20 सप्ताह तक ही गर्भपात करवा सकते हैं, उसके बाद करवाना अपराध माना जाता है। गर्भपात का आधार चिकित्सा सम्बन्धी हो सकता है यथा—स्त्री की किसी बीमारी के कारण गर्भपात आवश्यक हो जाता है।

वंश परम्परा सम्बन्धी समस्याएँ यथा—स्त्री के परिवार में विकलांग अथवा मानसिक विकृतियों का इतिहास है तब भी गर्भपात करवाने की स्वीकृति होती है। मानवीय कारणों से भी गर्भपात करवाते हैं यथा—बलात्कार से उत्पन्न गर्भ, सामाजिक कारण यथा अविवाहित स्त्री का गर्भधारण आदि में भी गर्भपात करवाने की स्वीकृति रहती है।

गर्भपात—(1) विस्फारण एवं खुरचने की विधि तथा (2) वेक्यूम निकास जिसमें विशेष चूसने वाली मशीन की सहायता से गर्भाशय के पदार्थों को बाहर निकाला जाता है। यह विधि कम खतरनाक होती है। विस्फारण एवं खुरचने की विधि में पदार्थों को तथा दीवारों को खुरच कर बाहर निकाला जाता है। इसमें पीड़ा अधिक होती है एवं खतरा भी रहता है।

स्थायी विधियाँ

पुरुष तथा स्त्री नसबन्दी को क्रमशः वैसेक्टामी तथा ट्यूबेक्टामी के नाम से जाता है। इस प्रक्रिया को यद्यपि स्थाई कहा जाता है लेकिन यह उत्क्रमणीय होती है। पुरुष नसबन्दी के लिए आवश्यक है कि उसकी उम्र 25 वर्ष से अधिक हो, स्त्री की उम्र 20 वर्ष से अधिक एवं 45 वर्ष से कम हो। उनके कम से कम दो बच्चे हों, छोटे बच्चे की उम्र भी कम से कम 2 साल हो। इसके लिए पति-पत्नी, दोनों की स्वीकृति जरूरी होती है।

पुरुष के वृषण कोष में एक या दो चीरा लगाया जाता है तथा एक सेण्टीमीटर के शुक्रवाहिनी के भाग को काट कर निकाल दिया जाता है। शुक्रवाहिनी के कटे हुए दोनों सिरों को अलग-अलग बाँध दिया जाता है। पुरुष नसबन्दी सरल सस्ती, व शीघ्र होती है, कुछ घण्टों में ही पुरुष अपने कार्य पर जा सकता है। एक स्त्री नसबन्दी में जितना व्यय होता है उसमें 5 पुरुष नसबन्दी कराई जा सकती है। वैसेक्टामी के बाद भी पुरुष के हार्मोन तथा वृषण के अन्तराकाशी कोष सामान्य रूप से कार्य करते हैं। इसमें शुक्राणुओं का नाश स्थानीय फैगोसाइट के कारण हो जाता है।

वेसेक्टामी बहुत सरल तथा 15-20 मिनट में हो जाती है लेकिन कभी-कभी कुछ समस्याएँ पैदा हो सकती हैं, यथा–आपरेशन के बाद संक्रमण होने का भय रहता है। सही एण्टीबायोटिक्स के उपयोग से इसे रोका जा सकता है। कुछ लोगों में कटे हुए दोनों सिरे प्राकृतिक कारणों से पुनः जुड़ जाते हैं एवं उससे निकले शुक्राणु प्रायः विकृत होते हैं जिससे इसका दुष्प्रभाव युग्मनज पर पड़ता है। कुछ मनोवैज्ञानिक परिवर्तन भी होते हैं, यथा–लैंगिक इच्छा में कमी आ जाती है। सिर दर्द एवं अनिद्रा, थकान आदि। यह समस्या सही परामर्श से दूर हो सकती है। 15 दिनों तक व्यक्ति को वजन नहीं उठाना चाहिए एवं साइकिल नहीं चलानी चाहिए। वीर्य का नियमित परीक्षण करवाना चाहिए। ऑपरेशन के बाद 15 दिन संयम बरतना चाहिए।

स्त्री नसबन्दी, पुरुष नसबन्दी से भिन्न होती है। यह इतना सरल नहीं है। इसे किसी भी समय किया जा सकता है लेकिन प्रसव के 3-4 दिन बाद करना ज्यादा सुविधाजनक होता है। इस ऑपरेशन में दोनों अण्डवाहिनियों को काट कर बाँध दिया जाता है। ऑपरेशन के उपरान्त स्त्री को एक दो सप्ताह तक आराम करने की जरूरत होती है।

स्त्री नसबन्दी के दो तरीके होते हैं, उदर के ऊपरी भाग से एवं योनिमार्ग से। उदर पर से किए जाने वाले ऑपरेशन को लेपरोस्कोपी तथा योनिमार्ग द्वारा की जाने वाली नसबन्दी को कल्डोस्कोपी के नाम से जाना जाता है। प्रथम विधि में उदर पर 2.5 से 3 सेमी. तक चीरा लगाया जाता है तथा अण्डवाहिनियों को पहचान कर उन्हें काट कर सिरों को बाँध दिया जाता है। इन सिरों पर कैप (Cap), क्लिप (Clip), डाट (Plug) लगाए जा सकते हैं अथवा रासायनिक पदार्थों की सहायता से बन्द किया जाता है। रासायनिक पदार्थों में ज्यादातर सिल्वर नाइट्रेट
(Silver Nitrate-Agno$_3$) का उपयोग किया जाता है। यह पीड़ा रहित, सस्ती विधि है। क्लिप भी स्टील अथवा प्लास्टिक का बना होता है लेकिन इसमें असफलता की भी सम्भावना रहती है।

लेसर की किरणों से भी अण्डवाहिनियों के सिरों को बन्द कर सकते हैं। इस प्रक्रिया में किरणों के तीव्र ताप के कारण नलिका के कोष जल जाते हैं।

लेपरोस्कोपी एक जैव-भौतिक विधि है। इसमें से एक फाइबर-ऑप्टिक रोशनी उत्पन्न होती है, जो उदर से प्रवेश करके अण्डवाहिनी के स्थान को खोज लेती है। लैपरोस्कोप के पोर (Tip) को उदर-प्रदेश में एक छोटे से छेद द्वारा प्रवेश कराया जाता है। नलिका को उठा कर उसे किन्हीं माध्यमों से अथवा बिजली के करंट से बन्द किया जाता है। बिजली से कोषीय निर्जलीकरण हो जाता है तथा नलिका का कोना पड़ जाता है। यह विधि अधिक प्रचलित नहीं है, क्योंकि बिजली के प्रयोग से खतरा पैदा हो सकता है। उसमें चिंगारी उत्पन्न होकर आस-पास के तन्तुओं को भी जला सकती है। आजकल निम्न थर्मल करंट का भी प्रयोग होता है।

हिस्टेरोस्कोप में कम उपकरणों की आवश्यकता होती है लेकिन इसमें रक्त-स्राव एवं असफलता की सम्भावना रहती है। हिस्टेरोस्कोप को योनिमार्ग से अण्डवाहिनी के मुँह तक लाया जाता है। इसके पश्चात् एक बिजली से चालित को-एग्युलेटिंग करण्ट से नलिका के मुंह को बन्द किया जाता है।

मूल्यांकन (Evaluations)

स्त्री नसबंदी में कुछ कठिनायाँ पैदा हो जाती हैं, जैसे–संक्रमण, ज्वर, नीचे के उदर में पीड़ा, मूत्र सम्बन्धी संक्रमण, पीठ में दर्द आदि। किसी-किसी में मासिक धर्म की अव्यवस्था भी हो जाती है।

❑❑❑

अन्त में....

हमें विश्वास है कि प्रस्तुत पुस्तक में प्रसव के बाद नवजात शिशु एवं माँ की देखभाल संबंधी आपके सभी जिज्ञासाओं का समाधान मिल गया होगा। मातृत्व संबंधी अन्य जिज्ञासाओं के समाधान के लिए आप हमारे यहाँ से प्रकाशित मातृत्व संबंधी दूसरी पुस्तक लेकर अपने ज्ञान में वृद्धि कर सकती हैं।

www.ingramcontent.com/pod-product-compliance
Lightning Source LLC
LaVergne TN
LVHW021616080426
835510LV00019B/2595